AF192600

YOUCAT
Curso actual sobre la fe

YOUCAT
LATINOAMÉRICA

CURSO ACTUAL SOBRE LA FE

Para entender qué significa ser cristiano

Una introducción
en 26 capítulos

verbo divino

Índice

Símbolos y su significado

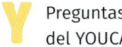 Preguntas del YOUCAT

 Citas de santos o de personajes famosos

 Citas de la Biblia

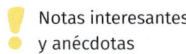 Notas interesantes y anécdotas

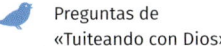 Preguntas de «Tuiteando con Dios»

¡Un curso actual sobre la fe!

Se dice que en chino solo hay un carácter para referirse a la «crisis» y a la «oportunidad favorable». Algunos opinan que la Iglesia católica vive su mayor crisis de los últimos cinco siglos. ¿Qué nos impide decir, en cambio, que vive la oportunidad favorable para renovarse?

¿Cómo eran los primeros cristianos? En la *Carta a Diogneto*, del siglo II, leemos: «Habitan en su propia patria, pero como forasteros; toman parte en todo como ciudadanos, pero lo soportan todo como extranjeros; toda tierra extraña es patria para ellos, pero están en toda patria como en tierra extraña. Igual que todos, se casan y engendran hijos, pero no se deshacen de los hijos que conciben. Tienen la mesa en común, pero no el lecho... Obedecen las leyes establecidas, y con su modo de vivir superan estas leyes... Se los condena sin conocerlos. Se les da muerte, y con ello reciben la vida... Para decirlo en pocas palabras: los cristianos son en el mundo lo que el alma es en el cuerpo».

Ante la fuerza de los primeros cristianos se derrumbó el ambiente corrupto de la Antigüedad griega y romana. En unas cuantas generaciones, los discípulos de Jesús pusieron del revés el mundo conocido entonces. De ahí que nos preguntemos: ¿Cómo podemos recuperar los católicos el carisma que ya tuvimos una vez? ¿En qué consiste la «oportunidad favorable»? Midámonos con los primeros cristianos. ¿Qué tenían ellos que nosotros no tenemos? En primer lugar, tenían identidad propia, un perfil reconocible. En segundo lugar, tenían fuego, y, en tercer lugar, tenían valentía.

¿Cómo conseguir tener un perfil? Teniendo valentía para ser diferentes. Precisamente, algunos aconsejan que la Iglesia debe ser «más normal», callar sobre los milagros, ocultar lo extraordinario, limar las asperezas, rebajar las exigencias y amoldarse al mundo. ¡Esto es absurdo! ¿Qué asesor aconsejaría a una gran marca de automóviles fabricar coches más normales, ignorar el avance tecnológico y tomar como modelo a seguir un coche de gama baja?

Los primeros cristianos tuvieron la valentía de ser *desafiantemente diferentes*. Estaban apasionadamente interesados en conocer su fe. Esto los distanciaba un poco de sus contemporáneos, que chismorreaban sobre ellos, decían maldades de ellos, e incluso los perseguían, aunque al final se convirtieron al «nuevo camino». Lo que convencía era su firme identidad. No consideraban su fe una bella hipótesis, que podía sustituirse por otra más apropiada según la ocasión. Pensaban que era la verdad. Y por ella se dejaban arrojar a los leones si era necesario.

El «manual de perfil» de la Iglesia católica es el Catecismo –el voluminoso *Catecismo de la Iglesia Católica*–, pero también el YOUCAT, que es una adaptación que lo hace más comprensible. Puesto que el

Catecismo no hace falsos compromisos y expone claramente la fe común de la Iglesia, no es del gusto de los estrategas de la reforma de la Iglesia. Desde que lo publicara el papa san Juan Pablo II, todos los papas y obispos de la Iglesia están de acuerdo en que la mejor herramienta para conservar la integridad de la fe es el Catecismo, pues en sus contenidos se puede saborear la belleza de ser cristiano.

Muchos católicos afirman que ya es hora de conseguir un perfil reconocible, una identidad clara como cristianos católicos.

➡ El *Curso actual sobre la fe* es para todos los que anhelan la belleza y la luminosidad del Evangelio.

➡ El autor ha tratado de contar los puntos fundamentales de la fe de una manera fascinante, como una buena película.

➡ Junto a la explicación se señalan las preguntas pertinentes del YOUCAT, como escalones para avanzar en las profundidades de la fe. Se pueden consultar durante la lectura del libro o dejarlas para más adelante.

➡ El curso puede hacerse individualmente, pero es mejor hacerlo con amigos, vecinos y miembros de la comunidad. Las convicciones arraigan mejor mediante el diálogo, en lo que se llama «un grupo de estudio».

➡ Sobre cómo organizar un «grupo de estudio» y descargarse gratuitamente la guía de estudio YOUCAT en el móvil, véase la página 170.

P. D. Por supuesto, el Catecismo no responde a todas las preguntas que pueden hacerse. YOUCAT se completa con preguntas concretas que los jóvenes han hecho al padre Michel Remery en **«Tuiteando con DIOS»**. También se encuentran preguntas individuales. Se señalan con la imagen del pajarito de Twitter 🐦 . Para más información sobre esta gran iniciativa, véase p. 180.

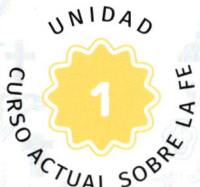

¿Qué sabemos de Dios?

CÓMO LOS SERES HUMANOS
llegan a la loca idea
de que puede haber,
además de las piedras, los animales,
las plantas y ellos mismos,
algo extraterrestre
con lo que deberían comunicarse.

Y Pregunta 41: ¿Hacen las ciencias naturales innecesario al Creador?

El filósofo **F. W. J. Schelling** (1775-1854) se hacía la siguiente pregunta: «¿Por qué hay algo y no más bien nada?».

Y Pregunta 23: ¿Hay una contradicción entre la fe y la ciencia?

Y Pregunta 355: ¿Qué significa «No tendrás otros dioses junto a mí»?

Los seres humanos han sido siempre «religiosos»; probablemente, no existe ningún pueblo ni ninguna cultura en los que no se haya venerado a un ser divino, a un dios o a más dioses. «¿Por qué hay algo y no más bien nada?», sigue siendo la primera pregunta de la filosofía. Las respuestas dadas son parecidas; la mayoría dice que no puede concebirse la realidad sin Dios. Los descubrimientos de las ciencias naturales modernas (como, por ejemplo, el Big Bang, las cuestiones del azar y la necesidad, el origen y el desarrollo de la vida humana) no cambian fundamentalmente este panorama.

Los primeros testimonios de la religión están asociados con signos que expresan la reverencia, la belleza y la gratitud; se ofrecían flores al creador y sustentador del mundo, se le quemaban perfumes exquisitos y se construían templos magníficos para el misterioso *autor de todo*. La divinidad era fuerte y poderosa, en todo caso. Pero ¿era *buena*? La vida era una mezcla variopinta de felicidad y desgracia. Así que las ideas de los antiguos sobre Dios estaban teñidas a menudo de temor: ¿Y si la divinidad es *mala* conmigo? Los seres humanos sentían que no se habían dado la vida a sí mismos, y que la vida era como una vela al viento. Podía apagarse en un momento y estaba amenazada de muchas formas. No podían influir en el clima ni en la fecundidad de

99 Ningún descubrimiento científico me ha apartado de la fe. Todo lo que he aprendido del conocimiento de la ciencia me ha conducido más profundamente al asombro y la gratitud a mi creador.

Cardenal Christoph Schönborn (1945), arzobispo de Viena

la tierra. Y ¿adónde iban los muertos? Los seres humanos se sentían en manos de los poderes superiores. A menudo trataban de influir en ellos mediante el sacrificio; se decían: Si ofrecemos a Dios lo mejor que tenemos, entonces nos favorecerá. Y así sacrificaban a Dios (o a los dioses) frutos, animales e incluso seres humanos, una transacción que se basaba en la reciprocidad.

El pueblo de Israel tenía claramente un instinto especial para las cuestiones relacionadas con la divinidad. Cuando leemos el Antiguo Testamento, participamos en una ejemplar *historia de aprendizaje sobre Dios*. Vemos cómo Israel se despide del politeísmo del Oriente antiguo. Dios solo puede ser uno.

Y **Pregunta 30:** ¿Por qué creemos en un solo Dios?

Salmo 51

El sol, la luna y las estrellas, que los pueblos vecinos veneraban como divinidades, son rebajados en la Biblia a simples lámparas colocadas en el cielo. Abrahán aprende que este Dios único es sensible y que no quiere sacrificios humanos. Leemos en los salmos: «No te satisfacen los sacrificios, si te ofrezco un holocausto no lo quieres» (Sal 51,18). Lo que a Dios sí le gusta es «un corazón puro» (→ Sal 51,12). Hacer el bien, practicar la justicia, es lo que está relacionado con Dios, que es totalmente bueno y justo en sí mismo. Pero ¿cómo surge el mal en el mundo? ¿De dónde proceden el odio y la violencia, la culpa y la muerte, las lágrimas de los niños y el sufrimiento de animales inocentes?

Pregunta 357: ¿Es siempre el ateísmo un pecado contra el primer mandamiento?

Ateísmo ➡

Hoy distinguimos tres formas de relacionarse con Dios: el ateísmo, el agnosticismo y el teísmo.

El ATEÍSMO (que surgió recientemente en la historia de la humanidad) consiste en la certeza supuestamente segura de que Dios no existe.

Agnosticismo ➡

El AGNOSTICISMO parte del supuesto de que el ser humano no puede saber nada seguro sobre Dios; por eso, no debe ocuparse en absoluto de la religión.

❞ Decir que el origen de la vida en la tierra es pura causalidad sería como explicar la elaboración de un diccionario como resultado de la explosión de una imprenta.

Edwin G. Conklin (1863-1952), biólogo estadounidense

Teísmo ➡

El TEÍSMO admite la existencia de Dios, aunque no define qué es «Dios». ¿Un principio, un sentimiento, una razón universal, un espíritu, una persona, una forma de energía cósmica?

Cuando **C. S. Lewis** (1898-1963), el autor de *Las crónicas de Narnia*, se hizo cristiano, ya era *teísta*, es decir, mediante sus reflexiones había llegado a la conclusión de que debía existir un Dios. Pero era solamente una hipótesis fría, puramente intelectual. ¿Cómo se podía poner uno en contacto con este otro lado inmenso de la realidad? A Lewis le parecía imposible. Se sentía como Hamlet, un personaje en una obra de Shakespeare, alguien que representa un papel en una obra que él no había escrito. Pero un día tuvo una idea decisiva: «De encontrarse alguna vez Hamlet y Shakespeare, tenía que ser por iniciativa de este último, pues Hamlet no podía iniciar ese encuentro». En esta perspectiva, podemos decir que la esencia del cristianismo se encuentra en la entrada en la escena de forma inesperada del autor de la obra mostrándose así a sus personajes, es decir, que el Dios insondable sale de su misterio y se manifiesta tal y como es. A esta manifestación de Dios la llamamos REVELACIÓN.

«La campaña del autobús ateo» (foto *supra*) fue iniciada en 2008 por la periodista británica Ariane Sherine con el apoyo de Richard Dawkins.

Pregunta 7: ¿Por qué tuvo Dios que mostrarse para que sepamos cómo es?

 REVELACIÓN

UNIDAD
2
CURSO SOBRE LA FE

¿Cómo se manifiesta Dios al ser humano?

Cómo aparece el Dios inconmensurable

en nuestras mentes limitadas

y por qué se entiende esto más rápidamente

con una historia de amor

totalmente normal

que con gruesos libros.

Pregunta 6: ¿Se puede asir a Dios mediante conceptos?

Cualquiera que haya experimentado en su vida una historia de amor, conoce este emocionante momento. Luchando consigo mismo y ruborizándose, alguien con quien te sientes a gusto y compartes mucha vida te dice: «Perdona, me gustaría decirte algo...». Y el corazón se te sube a la garganta, porque presientes lo que viene a continuación: te sorprende que esa persona, que te ama, se haya atrevido a tanto, cuando tú incluso podrías reírte y rechazarla. Pero se arriesga: *se te revela* y te deja mirar en lo más profundo de su corazón. Si la otra persona no asumiera este riesgo, no experimentarías en la vida lo que siente por ti.

Pregunta 4: ¿Podemos conocer la existencia de Dios con nuestra razón?

Así como no hay historia de amor sin revelación, tampoco hay conocimiento de Dios sin que él salga de la profundidad de su ocultamiento y se revele a sí mismo, es decir, haciendo comprensible cómo es él y cómo se relaciona con nosotros. Dios es demasiado grande para ser definido y conceptualizado. ¡Qué ridículos son todos los intentos de reducir a Dios a una fórmula! Ya el gran filósofo Agustín dijo: «*Si comprehendis, non est Deus*», que, traducido libremente, significa: Si lo has entendido, entonces lo que crees que entiendes no es Dios. En realidad, deberíamos decir como Karl Barth: «Dios es conocido solo por Dios». A un insecto también le sobrepasa el cálculo infinitesimal.

Agustín (354-430) es uno de los más grandes filósofos, teólogos y santos cristianos. Antes de bautizarse, llevó una vida un tanto disipada, fruto de la cual nació su hijo Adeodato. Más tarde, llegaría a ser obispo de Hipona, en el norte de África.

¿Cómo podría mostrarse Dios para que lo entendamos? ¿Con un letrero de neón en el horizonte? ¿O como más les gustaría a los fanáticos de la ciencia ficción, es decir, levantándose ante las cámaras como un monstruo extraterrestre desde lo profundo del océano? Esto es simplemente absurdo. ¿No nos quedaríamos totalmente ciegos si Dios se nos manifestara directamente? En cambio, Dios se deja encontrar en *muchas huellas* que muestran su poder y grandeza, por ejemplo, en la *naturaleza* y en la *conciencia*. En la *naturaleza*: sale el sol y la creación se manifiesta con una plenitud y belleza que

Pregunta 295: ¿Qué es la conciencia?

podemos sentir que son el ADN de Dios. Desde las diminutas células hasta el macrocosmos, todo está perfectamente coordinado. La *conciencia* nos dice generalmente que *no está en absoluto bien* golpear a un niño, robar o engañar a alguien. Es como si fuera la voz de Dios, requiriéndonos de manera imperativa a no hacer el mal. Y si traicionamos a nuestra conciencia, nos queda la sensación de que nunca podríamos «mirar a los ojos» a esta instancia que tan misteriosamente reside en nuestro interior.

En efecto, sentimos a Dios más intensamente presente en ella que en las vagas experiencias de la naturaleza. Él es *lo mejor*, lo *crucial* y *el punto culminante de tu vida*. Muchas personas no tienen idea de esto; creen que puede responderse a la pregunta por el sentido de la vida sin Dios. Se quedan por debajo de sus posibilidades si piensan que el sentido de la vida está únicamente en divertirse a lo loco antes de que nos lleven a la tumba.

Pregunta 45: ¿Las leyes de naturaleza y el orden de las cosas naturales proceden también de Dios?

Pregunta 50: ¿Qué función tiene el ser humano en la providencia de Dios?

" Solo cuando se ve a Dios, comienza la vida realmente. Solo cuando encontramos al Dios vivo en Cristo aprendemos lo que es la vida. No somos el producto aleatorio y sin sentido de la evolución. Cada uno de nosotros es el fruto de un pensamiento de Dios. Todo el mundo es querido, todo el mundo es amado, todo el mundo es necesario.

Papa Benedicto XVI, 2005

Pregunta 43: ¿Es el mundo un producto de la casualidad?

Con la fe sucede lo mismo que con esa gran historia de amor que pone todo en tu vida patas arriba. Cinco minutos antes de que comenzara, todo era gris. Pero la persona que te ama sale a tu encuentro y el mundo comienza de nuevo para ti. Así sucede con la fe: tu Creador, tu Señor y Salvador, viene a tu encuentro y, a partir de entonces, ustedes dos tienen una historia común. Y comienza la aventura. Más tarde dirás: ¡Ni siquiera sabía qué es la vida!

¿Qué es el ser humano? Solemos escuchar por ahí: «¿Sabes? Tal persona conoció a Albert Einstein; aquella otra estuvo en el escenario con Michael Jackson; al presidente le encanta cenar acompañado de este o de aquella…». Pero ¿qué pasa con esas otras personas que nunca han ocupado el centro de atención: un niño brasileño de la calle, una anciana enferma que babea…? ¿Acaso tienen menos valor? ¿Les prestamos atención solo por un vago sentimentalismo? En ningún lugar del ámbito del espíritu, en ninguna religión tiene el ser humano una importancia tan grande como en el judaísmo y en el cristianismo. El ser humano –*cada ser* humano– es en ellos la «corona de la creación» (Sal 8,6), la «imagen de Dios» (Gn 1,27), el ser al que Dios mira con amor eterno, el interlocutor de Dios en pie de igualdad. «Cuando aún no estaba formado, tus ojos ya me veían» (Sal 139,6). Con la *revelación de Dios* se inicia una nueva cualidad de lo humano.

Pregunta 280: ¿Cómo fundamentan los cristianos la dignidad humana?

Pregunta 56: ¿Tiene el ser humano una posición privilegiada en la creación?

Salmo 8; Génesis 1

Salmo 139

¿Qué significa creer?

NOS PREGUNTAMOS

si quieres vivir solo

o si crees que existe alguien

que conoce *tus* caminos

y se alegra

cuando vas en su dirección.

¿Qué se necesita para la vida diaria? Mucha fe. No tengo ninguna prueba de que exista realmente Islandia. Sin embargo, confío en el portal de viajes. Creo que aterrizaré en Reikiavik al comprar un billete y dirigirme al aeropuerto. Hay muy pocas cosas en la vida que podemos probar. Y cuando alguien le dice a la persona que ama: «Demuéstrame tu amor», podemos estar totalmente seguros de que este amor ha terminado ya antes de haber comenzado.

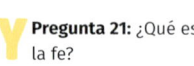

Pregunta 12: ¿Cómo sabemos lo que pertenece a la fe verdadera?

Pregunta 21: ¿Qué es la fe?

Siempre que decimos la palabra «fe» aparece alguien que dice despectivamente: *La fe significa no saber*. Es decir, que la fe es para personas ingenuas, que las personas inteligentes lo que buscan es saber. Se comenta que

todo cuanto dice la Iglesia se fundamenta en hipótesis en gran medida no demostradas. Por eso la gente tiene que *creer*. Ciertamente, a nadie se le puede privar, ni mucho menos, de querer profundizar en el conocimiento de las creencias, pero hay algo erróneo cuando alguien afirma: «¿Dios?... Bueno, sí, para mí es algo así como un "principio básico" que requiere su justificación. Si "Dios" es algo tan importante, tal como afirman siempre las religiones, entonces el cerebro debería poder reducir este abstracto concepto a una entidad clara. En este sentido, nos gustaría oír algo así como: el principio básico de Dios es $e^{i\pi} + 1$ = Dios. O algo así, más o menos en este sentido. Tendríamos así una prueba absolutamente clara y no habría que seguir liándose con el concepto "creer"; simplemente, lo sabríamos».

Digamos que la fórmula es correcta. ¡Ya lo sabríamos! ¿Qué pasaría después de su publicación en la *Physical Review* [prestigiosa familia de revistas científicas estadounidenses]? ¿Se convertiría la gente, se hincaría de rodillas y adoraría a la fórmula maravillosa? Supongo que no. La gente diría: «¡Pues muy bien!». Y la guardarían en aquella lejana región cerebral donde ya está almacenada la ley de la gravedad. Nadie haría lo que hicieron cuarenta y nueve cristianos en el año 304, cuando fueron arrastrados ante el emperador Diocleciano. Fueron interrogados en Cartago porque fueron sorprendidos celebrando la eucaristía. Se les dio una última oportunidad: renunciar a su Dios y adorar, aunque fuera fingidamente, al emperador. No lo hicieron, sino que dijeron: «No podemos vivir sin el domingo». Les costó la vida.

Así que la fe parece ser algo mucho más valioso que estar informado sobre ciertos hechos. Digámoslo de esta manera: No se trata de un *conocimiento de Dios*, sino de *la relación con Dios*. Pongamos un ejemplo extremo. Alguien viene e insulta gravemente a mi madre...

Pregunta 32: ¿Qué quiere decir que Dios es la verdad?

1.7: ¿Por qué debería creer en Dios?

Pregunta 454: ¿Hasta qué punto nos compromete la verdad de la fe?

Pregunta 20: ¿Cómo podemos responder a Dios cuando nos habla?

Fe ➡

Pregunta 22: ¿Cómo funciona la fe?

Creer como cristiano significa confiar en el sentido que me guía a mí y al mundo; tomarlo como la base sólida en la que puedo sostenerme sin miedo.

Papa Benedicto XVI

Eso me indignaría muchísimo, aun cuando haya visto a mi madre de vez en cuando durante los últimos cincuenta años, y, por tanto, no pudiera *demostrar* que es la persona más afectuosa y leal del mundo. Entre mi madre y yo predomina una profunda relación de confianza, y nunca permitiría que se mancillara su memoria. Pues también cuando se trata de Dios, la *relación de confianza* es lo esencial. Por cierto, la palabra FE viene de la raíz palabra latina *fides*, que significa «lealtad».

Y llegamos así a lo fundamental. Creer significa amar a Dios, declararle nuestro amor, aceptarlo y alabarlo. Cada vez más jóvenes descubren hoy la oración *de alabanza*, encontrándose en el centro apasionante de la fe. En todo caso, están más cerca de ella que los sabelotodos que buscan lo Absoluto en las bibliotecas.

La fe no es un invento de la Iglesia. Si es un invento, es de Jesús. En el evangelio de Juan dice una y otra

> Uno debe conocer a las personas y las cosas humanas para amarlas. Uno debe amar a Dios y las cosas divinas para conocerlas.

Blaise Pascal (1623-1662), matemático y filósofo

vez: «El que cree en mí tiene vida eterna» (Jn 6,47), «vivirá aunque muera» (Jn 11,25), «realizará las obras que yo hago y hará obras aún mayores que estas» (Jn 14,12).

Resulta increíble la naturalidad con la que Jesús relaciona la *fe* consigo mismo. Siempre me he preguntado por qué nadie protesta cuando dice Jesús: «Yo soy el camino y la verdad y la vida» (Jn 14,6). *¡Yo!* No dice: Conozco un camino, conozco la verdad, tengo cierta experiencia de la vida. No: *¡Yo soy!*

Jesús nos deja en realidad solo dos posibilidades: O *creo en él* y apuesto todo a esta carta, o lo considero un mentiroso. «Creer», dice el papa Benedicto, «significa confiarse a Dios».

Pregunta 71: ¿Por qué se llama «Evangelio», es decir, «buena noticia», a los relatos sobre Jesús?

99 Si los santos en el cielo pudieran volver de nuevo a la tierra, estarían incansablemente ansiosos, inflamados de amor, de difundir la fe por todo el mundo, con la intención de manifestar al mundo entero el amor infinito de Dios por los hombres. Porque mucho más que cualquier habitante de la tierra, los santos saben cuán digno es ser conocido el Padre, el Hijo y el Espíritu Santo. Se maravillan cuando ven con qué gloria en el cielo cada obra, incluso la más pequeña, es recompensada por difundir la fe.

San Vicente Pallotti (1795-1850)

¿Para qué sirve la Biblia?

Es un tesoro escondido,

un libro que debería leerse diariamente,

porque su contenido

supera al de mil consejeros

y a todos los demás libros

del mundo.

Cuando los monjes dibujaron esta bella inicial, la Sagrada Escritura estaba prohibida en la Iglesia para el pueblo llano. ¿No es absurdo? «Desconocer la Escritura es desconocer a Cristo», decía ya san Jerónimo. ¿Cómo se llegó a esto? Un simple cristiano no *leía* la Biblia, sino que la *escuchaba* exclusivamente durante la liturgia, en pequeñas dosis, y comentada por un clérigo.

Pregunta 17: ¿Qué sentido tiene el Antiguo Testamento para los cristianos?

Pregunta 18: ¿Qué importancia tiene el Nuevo Testamento para los cristianos?

La figura del monje dominico Melchor Cano (1509-1560) recuerda a la película *El nombre de la rosa*. Cuando en 1559 un obispo español exigió la traducción de la Biblia en la lengua del país, Cano advirtió que se llegaría a unas condiciones como en Alemania, donde Martín Lutero había traducido la Biblia al alemán 40 años antes. La Biblia no es para las «carpinteras»: «Por más que las mujeres reclamen con insaciable apetito comer de esta fruta, es necesario vedarlo y poner cuchillo de fuego para que el pueblo no llegue a él». También Teresa de Jesús, la gran reformadora de la orden carmelitana en el siglo XVI, se vio afectada y sufrió grandemente por ello. Pero una noche tuvo cierta revelación que la consoló mucho: «Entonces el Señor me dijo: "No te entristezcas, porque yo te daré un libro viviente"».

> ¿Qué pasaría si tratamos la Biblia como tratamos a nuestro teléfono móvil? Si la lleváramos siempre con nosotros, o al menos el pequeño Evangelio de bolsillo, ¿qué sucedería? Si nos volviéramos cuando nos la olvidamos: tú te olvidas el teléfono celular... «¡Uh! ¡No lo tengo, vuelvo a buscarlo!». Si la abriéramos varias veces al día; si leyéramos los mensajes de Dios contenidos en la Biblia como leemos los mensajes del teléfono... ¿qué sucedería?

Papa Francisco

Las palabras de Melchor Cano no deben entenderse como una declaración de represión contra las mujeres, sino como suspicacia contra el pueblo en general. Como hoy, las mujeres estaban entonces más interesadas en las cuestiones religiosas que los hombres. Tal vez se pensaba que las mujeres leerían con entusiasmo la Biblia y discutirían sobre ella; y si se dejaban contagiar por la Reforma, entonces surgiría una iglesia nueva en cada esquina. Como es bien sabido, Lutero había establecido el principio de *Sola Scriptura*, es decir, que un cristiano solo necesita la Sagrada Escritura y no las interpretaciones de los sacerdotes. La Biblia se explica por sí misma. De hecho, incluso en los días de Lutero, el movimiento de la Reforma se enredó en una abundancia de lecturas diferentes. Todos querían seguir la Biblia. Pero en realidad algunos siguieron la interpretación de Calvino, otros la de Zuinglio, otros la de Thomas Müntzer o la de John Knox.

Pregunta 130:
¿También los cristianos no católicos son nuestros hermanos y hermanas?

Pregunta 16: ¿Cómo se lee correctamente la Biblia?

La Iglesia ha reconocido desde hace mucho tiempo su error de mantener la Biblia bajo llave, como si fuera una pieza de literatura que había que tener encerrada en el armario de los venenos. Hoy es completamente normal que el papa Francisco pida a los jóvenes católicos que lean intensamente la Biblia: «Ustedes tienen algo divino en sus manos: ¡Un libro como el fuego! Un libro a través del cual Dios habla. Así que recuerden: La Biblia no está ahí para ponerla en un estante, sino para tenerla a mano, para leerla a menudo, todos los días, solos y juntos. Ustedes hacen deporte juntos o van de compras juntos. ¿Por qué no

leen la Biblia juntos? En la naturaleza, en el bosque, en la playa, por la noche, a la luz de unas cuantas velas... ¡Tendrán una experiencia tremenda!». Pero, por supuesto, hay que decir que forma parte de la historia de la culpa de la Iglesia que durante siglos no hubiera permitido que la gente común y corriente se inspirara libremente en la riqueza de la Palabra de Dios.

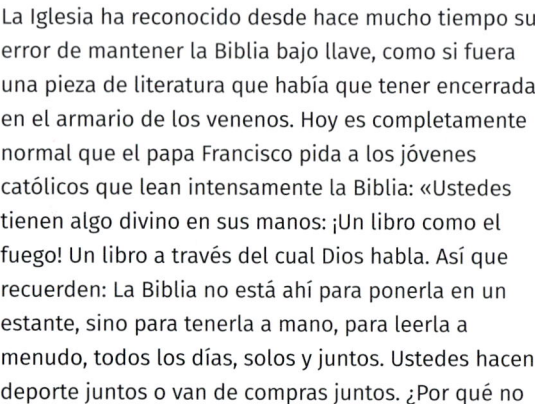

A pesar de todo, la Iglesia no ha renunciado a un principio: *La Biblia es el libro de la Iglesia*. Ha surgido de su vida; es y sigue siendo su corazón: «Nunca podemos», dice el papa Benedicto XVI, «leer solos la Escritura. Encontramos muchas puertas cerradas y caemos fácilmente en el error. La Biblia fue escrita por el pueblo de Dios y para el pueblo Dios bajo la inspiración del Espíritu Santo». No podemos olvidar la conexión vital con la Iglesia, para evitar hacernos dueños de ella. «Para conseguir sus objetivos, el mismo diablo cita la Biblia», decía ya Shakespeare.

Pregunta 19: ¿Qué función tiene la Sagrada Escritura en la Iglesia?

1.14: ¿Qué diferencia hay entre la Biblia y el Corán?

Pero ¿qué es exactamente la «Palabra de Dios»? Todo lo que Dios tiene que decirnos nos lo ha dicho en Jesucristo. Él es la revelación de las revelaciones y la verdadera «Palabra de Dios». Accedemos a la Palabra de Dios por escrito con la *Sagrada Escritura* y oralmente con la *Tradición Apostólica* (*o Tradición*). Podemos imaginarnos lo siguiente: hasta el año 397 –cuando el Concilio de Cartago determinó los libros que pertenecían a la Sagrada Escritura– generaciones de cristianos vivieron prácticamente sin un Nuevo Testamento. ¿Vivían por eso sin «Palabra de Dios»? No, la Palabra de Dios vivía en ellos «eficaz y más cortante que una espada de doble filo» (Heb 4,12). De lo contrario, no habrían sobrevivido a las catacumbas y los crueles juegos del circo.

Pregunta 10: ¿Está dicho todo con Jesucristo o continúa todavía después de él la revelación?

 Heb 4,12

> Leer el Evangelio una y otra vez, sin descanso, para tener cada vez más en mente el espíritu, las acciones, las palabras y los pensamientos de Jesús, para pensar, hablar y actuar como Jesús, para seguir el ejemplo y las enseñanzas de Jesús.

Beato Carlos de Foucauld (1858-1916)

¿Qué quiere decir que Dios se hace ser humano?

LA CONVICCIÓN QUE LA IGLESIA mantiene férreamente desde hace 2000 años de que Dios se hizo tan humano como cualquier niño recién nacido es quizás la creencia más escandalosa del cristianismo.

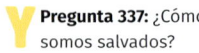 **Pregunta 9:** ¿Qué nos muestra Dios de sí cuando nos envía a su Hijo?

Pregunta 337: ¿Cómo somos salvados?

Encarnación

(del latín *caro, carnis* = carne, hacerse carne): el hacerse humano de Dios en Jesucristo. Es el fundamento de la fe cristiana y de la esperanza en la salvación del ser humano.

Jean Paul Sartre (1905-1980), filósofo francés, fue junto a Sigmund Freud el segundo ateo y anticristiano más memorable del siglo xx. Sartre, que sería posteriormente tan duro y radical, quería pertenecer a quienes habían hecho de Dios «una hipótesis caducada que moriría en silencio y por sí misma». Y, sin embargo, fue precisamente él quien explicó, quizá mejor que cualquier teólogo, lo que significaba el hecho de que Dios se hiciera humano. La teología habla de la «Encarnación» (= hacerse carne). ¿Por qué quería Dios hacerse precisamente carne?

Créase o no, **Sartre** compuso una obra de teatro navideña. Se llama *Barioná, el hijo del trueno*. La escribió y la dirigió en 1940, mientras se encontraba como prisionero de guerra en las cercanías de Tréveris. La obra estaba destinada a celebrar la Navidad en el campo de concentración. El tiempo pasado en Tréveris fue especialmente emocionante para Sartre. Se sumergió en los escritores católicos Paul Claudel y Georges Bernanos («Los dos grandes descubrimientos que hice en el campo de prisioneros fueron *El zapato de raso* y *Diario de un cura rural*. Son los únicos libros que me han dejado una impresión duradera»), conoció a sacerdotes y se sintió «fraternalmente» unido a ellos: «Volví a descubrir una forma de vida colectiva que no conocía desde la época de la escuela y debo decir que me sentí feliz allí». Sartre casi se agarra al agujero de su alma, el gran trauma de su padre. Pero eso no se suponía que pasara. Y, entonces, Sartre escribió *Barioná* para crear «la comunidad más amplia entre cristianos y no cristianos».

,, Haz como Dios: ¡Sé humano!

Obispo Franz Kamphaus (1932), obispo emérito de Limburg

> Dios era incomprensible, inalcanzable, invisible e inimaginable. Se ha hecho humano, se nos ha acercado en un pesebre, para que podamos verlo y comprenderlo.

San Bernardo de Claraval (*ca.* 1090-1153)

La pieza contiene un pasaje impresionante en el que Sartre explica su ateísmo por boca de Barioná: «Un Dios-Hombre, un Dios hecho de nuestra carne humillada, un Dios que aceptase conocer este sabor amargo que hay en el fondo de nuestra boca cuando todos nos abandonan, un Dios que aceptase por adelantado sufrir lo que yo sufro ahora... Venga, es una locura». Y en otro pasaje le hace decir: «Si un Dios se hubiese hecho hombre *por mí*, lo amaría con exclusión de todos los demás, habría como un lazo de sangre entre él y yo y no tendría suficiente vida para demostrarle mi agradecimiento: Barioná no es un ingrato. Pero ¿qué Dios sería lo suficientemente loco para eso?».

Pregunta 76: ¿Por qué se hizo Dios hombre en Jesús?

Pregunta 33: ¿Qué quiere decir que Dios es amor?

Pregunta 402: ¿Qué es el amor?

" Dios es tan grande que no puede ser pequeño.
Dios es tan poderoso que no puede ser vulnerable,
y, sin embargo, nos viene al encuentro como
un niño indefenso para que podamos amarlo.

Papa Benedicto XVI, 24 de diciembre de 2005

Y la María de Sartre dice: «Este Dios es mi hijo. Esta carne divina es mi carne. Está hecha de mí. Tiene mis ojos, y la forma de su boca es la de la mía. Se parece a mí. Es Dios y se parece a mí. Y ninguna mujer jamás ha tenido así a su Dios para ella sola. Un Dios muy pequeñito al que se puede coger en brazos y cubrir de besos, un Dios calentito que sonríe y que respira, un Dios al que se puede tocar; y que sonríe».

Y Pregunta 82: ¿No es escandaloso llamar a María «Madre» de Dios?

Y Pregunta 13: ¿Se puede equivocar la Iglesia en cuestiones de fe?

Ninguna frase de la Sagrada Escritura provocó tanto escándalo dentro y fuera de la Iglesia como Jn 1,14: «Y la Palabra [= Dios] se hizo *carne* y habitó entre nosotros». Un Dios que se hace carne era algo chocante para los griegos, que tan amantes eran de lo espiritual, y que precisamente acababan de deshacerse de su absurdo cielo poblado de dioses. E incluso en la Iglesia se dispararon contra ella toda una serie de doctrinas erróneas. Los *monofisitas* enseñaban que Cristo no podía ser a la vez hombre y Dios verdadero; solo poseía una naturaleza divina. Los *subordinacionistas* enseñaban que Jesús era una forma de Dios de segunda clase, no al mismo nivel que el Padre y el Espíritu Santo. Los *adopcionistas* enseñaban que Cristo era solo un ser humano, y que Dios lo había «adoptado» como hijo, por así decirlo, en el bautismo del Jordán. Los *docetas* enseñaban

MONOFISISMO **→**

SUBORDINACIONISMO **→**

ADOPCIONISMO **→**

DOCETISMO **→**

que era realmente el Hijo de Dios, pero se había servido de una forma corporal, por lo que solo había muerto aparentemente en la cruz.

Nestorio, obispo y patriarca de Constantinopla en el siglo V, fue destituido de su cargo por el Concilio de Éfeso porque insistía en que no podía reconocer a «un Dios anciano con dos o tres meses de edad». La Iglesia siempre ha sostenido que Jesús de Nazaret, el hijo nacido de la Virgen María, es «al mismo tiempo hombre verdadero y Dios verdadero». ¡Pero no fue siempre tan sencillo de sostener!

Pregunta 77: ¿Qué significa que Jesús es a la vez Dios verdadero y hombre verdadero?

>> O ese hombre era, y es, el Hijo de Dios, o era un loco o algo mucho peor. Ustedes pueden hacerle callar por necio, pueden escupirle y matarlo como si fuese un demonio, o pueden caer a sus pies y llamarlo Dios y Señor. Pero no salgamos ahora con insensateces paternalistas acerca de que fue un gran maestro moral. Él no nos dejó abierta esa posibilidad. No quiso hacerlo.

C. S. Lewis en *Mero cristianismo*

De imaginarme que tuviera que adorar a un Dios que se ha mantenido alejado de la suciedad de esta tierra, me haría ateo inmediatamente. Pero sé que lo que Sartre anhelaba es verdad: «un Dios que se puede tocar y que vive», un Dios con rostro humano.

¿Por qué hay sufrimiento?

EL SUFRIMIENTO DE LOS POBRES,

el dolor de los enfermos

y las lágrimas de los niños,

que ninguna teología

puede ignorar sin avergonzarse de sí misma

y hacerse literalmente imposible.

Una joven pareja espera con ansias a su bebé. El niño nace. No tiene brazos. ¿Por qué Dios permite eso? Una vez provoqué a un anciano sacerdote con una serie de catástrofes que estaban ocurriendo cerca de mí. Agitó la cabeza y dijo con voz tranquila una sola frase: «Dios no comete errores». Tuve que tragar, no pude hacerme amigo de él durante mucho tiempo. Más tarde conocí a la madre de un niño con síndrome de Down. Ella me dijo: «No queremos cambiar a Félix por ningún otro niño del mundo. Él es el sol en nuestra familia».

Teodicea →

Desde **G. W. Leibniz** (1646-1716) existe la palabra Teodicea (del griego: «justicia o justificación de Dios») con referencia a la pregunta de cómo es compatible un Dios bueno con el sufrimiento en el mundo. Todos tenemos que lidiar con este sufrimiento, tanto si responsabilizamos de él a Dios como si no. Quien *no cree*, sostiene que la vida es un juego de azar en el que algunos tienen mala suerte. Los cristianos piensan que esto no puede ser así. La lágrima de un solo niño pulverizaría el sentido del universo si no llegara alguien que enjugara «todas las lágrimas de sus ojos» (Ap 21,4). Sin embargo, tampoco los cristianos tienen una fórmula infalible en el bolsillo con la que hacer desaparecer el sufrimiento y demostrar la bondad de Dios. Como otras personas, también los cristianos se quedan perplejos ante las incomprensibles variantes del sufrimiento inocente. No solo sufren los seres humanos, sino que también sufren los animales; en cierto sentido, sufre la creación entera. No obstante, los cristianos creen que la vida merece la pena, que toda vida que da Dios vale la pena. Pero deben soportar que se les pregunte sarcásticamente: «¿Dónde estaba el Dios de ustedes cuando pasó esto o aquello?». ¿Y qué van a hacer entonces?

Pregunta 66: ¿Estaba en el plan de Dios que las personas sufrieran y murieran?

📖 **Ap 21**

Trasladan la pregunta a Dios, a veces con lágrimas, otras veces con cierto tono de rebeldía, como hizo Romano Guardini (1885-1968): «¿Por qué, Dios, estos terribles rodeos en el camino de la salvación? ¿Por qué el sufrimiento de los inocentes? ¿Por qué el pecado?». También decía Guardini que en el Juicio final no solo se dejaría hacer preguntas, sino que también él haría las suyas.

Esto no es de ningún modo contrario a la fe. La Biblia no mantiene nítidamente alejado el sufrimiento de la realidad de Dios. Las personas dialogan a menudo de forma bastante perturbadora con su Dios, incluso acusándolo: «Señor, ¿por qué te mantienes tan distanciado, te ocultas en tiempos de necesidad?» (Sal 10,1). Ahí está el pobre Job, al que se le ha quitado todo por completo: «Yo te grito y tú no me respondes;

Pregunta 240: ¿Cómo se interpretaba la «enfermedad» en el Antiguo Testamento?

 Salmo 10

> 99 En el sufrimiento experimenta el ser humano la fuerza de Dios, en la acción se apoya demasiado en sí mismo y se debilita. Con el sufrimiento se purifica y adquiere así sabiduría y sensatez.

John Henry Newman (1801-1890)

yo estoy allí, pero tú no me cuidas» (Job 30,20). ¿Qué dice Dios? «Mis pensamientos no son los pensamientos de ustedes, y sus caminos no son mis caminos –dice el Señor–» (Is 55,8). ¿Somos indiferentes a él? ¿Realmente Dios no comete errores?

 Job

Pregunta 40: ¿Dios lo puede todo? ¿Es omnipotente?

La pregunta por Dios y el sufrimiento constituye un misterio, que, por supuesto, está rodeado de una serie de certezas. Sabemos que Dios es todopoderoso, pues de lo contrario no sería Dios. Sabemos que Dios ha creado el mundo como una realidad buena.

Pregunta 51: Si Dios lo sabe todo y lo puede todo, ¿por qué no impide entonces el mal?

 **Jr 29,11**

 **Is 66,13**

Es comprensible que la existencia del mal y del sufrimiento nos parezca como una perturbación, una demolición, algo que simplemente no debería existir. La Sagrada Escritura ve el mundo fundamentalmente envenenado por el mal, cuyo autor no es ni puede ser Dios. Dios es el enemigo del mal; tiene «pensamientos de salvación, no de maldad» (Jr 29,11). En Isaías se llega a decir incluso: «Yo mismo los consolaré, como una madre consuela a su hijo» (Is 66,13).

 **Pregunta 241:** ¿Por qué mostró Jesús tanto interés por los enfermos?

 **Mc 15,34**

 **Salmo 22**

Al final, todos los hilos convergen solo en Jesús. En su Hijo, Dios mismo entra en el sufrimiento de su creación, hasta el punto radical en el que el Hijo moribundo grita a su Padre: «Dios mío, Dios mío, ¿por qué me has abandonado?» (Mc 15,34). Lo que suena como la acusación más radical contra Dios, es, en realidad, el extraordinario Salmo 22, que está dividido en dos partes: en la primera, encontramos el grito de una persona traicionada, pero en la segunda, se transforma en un canto de alabanza extraordinario a Dios el salvador: «Porque no despreció ni rechazó el dolor del afligido; no le ocultó su rostro, sino que lo escuchó cuando clamaba» (Sal 22,25). El Padre no abandona a su Hijo a la muerte, sino que lo despierta a una nueva vida, y, con él, a todos los que creen en él. Por eso dice Pablo: «Pero sabemos que todo es bueno para los que aman a Dios» (Rom 8,28).

 **1.36:** ¿Es voluntad de Dios que mueran los hombres?

 **Rom 8,28**

> **❞** Un aspecto fundamental para tener en cuenta: Tan imponente como una montaña sería tu sufrimiento si tuvieras que cargar a solas con él. Pero es un yugo que el Señor te ayuda a soportar, y te soporta a ti y tu carga.

Francisco de Sales (1567-1622)

«Yo creo», decía el teólogo evangélico **Dietrich Bonhoeffer** (1906-1945), «que Dios puede y quiere sacar bien de todo, incluso de lo peor». Escribió esta frase en el corredor de la muerte, donde los nazis habían encerrado a los miembros de la resistencia. También escribió allí, cuatro meses antes de su ejecución (pensando en la muerte), un poema que envió a sus seres queridos: «Envueltos maravillosamente en la paz de poderes bondadosos, esperamos confiados lo que venga... Y si nos entregas el amargo cáliz, el difícil cáliz del dolor colmado, lo recibiremos con gratitud y sin temblor, porque viene de tu amorosa mano bondadosa».

Puh...

Pregunta 49: ¿Dirige Dios el mundo y mi vida?

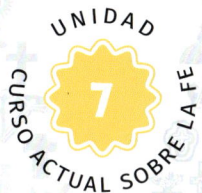

¿Por qué la cruz?

Por qué los cristianos
elevaron a símbolo de identidad
uno de los instrumentos de tortura
más brutales de la Antigüedad
y por qué se arrodillan
ante el sufrimiento
de un criminal convicto.

Pregunta 51: Si Dios lo sabe y lo puede todo, ¿por qué no impide entonces el mal?

Los religiosos antonianos de Isenheim (Francia) encargaron al artista Matthias Grünewald hacia 1510 un retablo de altar cuyo panel central estaba ocupado por una crucifixión, que con cruel realismo

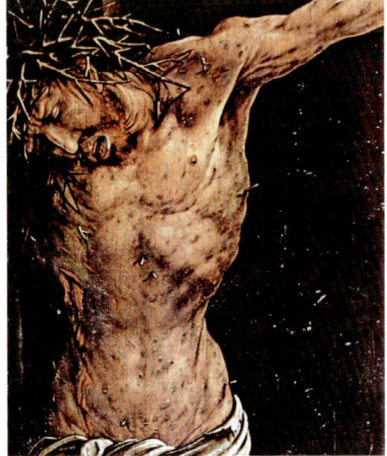

superaba todo lo que se había pintado antes: manos expresando calambres de dolor, un cuerpo demacrado, solo piel y huesos, lleno de úlceras y pus, espinas en la cabeza, sangre y heridas sin número. Los frailes colocaron el altar en la capilla y todos los días traían ante este cuadro a los enfermos incurables. A los enfermos devorados por el dolor, a los enfermos de peste que estaban llenos de bubas azules y negras, debía parecerles como si uno de ellos hubiera sido clavado al madero. Los antonianos consideraban la oración ante la cruz como una *cuasimedicina*, una especie de medicamento. ¿Se burlaban de los más pobres de los pobres? ¿Hay que llevar a los que sufren a contemplar su sufrimiento?

Cargando sobre sí nuestros pecados, los llevó hasta el madero para que nosotros muramos al pecado y vivamos con toda rectitud. Ustedes han sido, pues, sanados a costa de sus heridas.

1 Pe 2,24

Así que hoy en día pensamos y preferimos administrar analgésicos opiáceos y un bucle interminable de videos divertidos. La gente en la Edad Media probablemente sacaba tres mensajes de la CUASIMEDICINA:

1. El mensaje de la solidaridad de Dios.
2. El mensaje: Arrepiéntete de tus pecados.
3. El mensaje de esperanza en la salvación fundamental.

Lo que a primera vista puede parecer cruel, merece una reflexión detallada.

Sobre 1: ¿Qué debo hacer en caso de emergencia con un Dios que está rodeado de los espíritus bienaventurados, pero que nunca ha estado al menos en un lugar: en mis sufrimientos? Antiguamente se decía: *Ofrece como sacrificio tu sufrimiento unido al sufrimiento de Cristo.* Traducido al lenguaje moderno, diríamos: Transforma tus sufrimientos en un regalo para los demás, hazlo junto con Jesús, que sufrió por ti en la cruz, que hizo de su muerte un regalo para ti, para tu salvación y la salvación del mundo entero.

Pregunta 102: ¿Por qué debemos aceptar también el sufrimiento en nuestra vida y así «cargar con la cruz» y con ello seguir a Jesús?

> 99 Fuera de la Cruz no hay otra escalera por donde subir al cielo.

Santa Rosa de Lima (1586-1617)

Sobre 2: El que conoce a personas que afrontan la muerte, sabe que el dolor más grande es el dolor espiritual: el dolor de no poder deshacer la propia biografía, las heridas infligidas, las personas a las que se ha abandonado o aquellas de las que se siente culpable. En el arrepentimiento de una vida rota, a menudo fracasada, consuela mirar al que todo lo hace bien, al que quiere hacer de mi historia una historia absolutamente buena. Aunque sea en el último momento. «En la cruz está la salvación, en la cruz está la vida, en la cruz está la esperanza» (Liturgia del Viernes Santo).

Pregunta 229: ¿Qué hace que una persona esté dispuesta a arrepentirse?

Sobre 3: Los cristianos mueren a menudo con una cruz en la mano o mirándola. En Jesús se vislumbra el punto culminante de la vida, y este no es el entierro, ya sea en la tierra, en el mar o en el crematorio. El punto culminante de la vida es la resurrección de los muertos. «La verdadera revolución, que cambia radicalmente la vida, ha sido realizada por Jesucristo con su resurrección: con la cruz y la resurrección», dice el papa Francisco.

Pregunta 108: ¿Qué cambió en el mundo mediante la resurrección?

> La sabiduría eterna de Dios ha visto desde
la eternidad la cruz, que él te da como un regalo precioso
de su corazón. Él miró esta cruz con sus ojos
omniscientes antes de enviártela, la pensó con su mente
divina, la probó con su justicia sabia, la calentó con
sus brazos amorosos, la pesó con sus dos manos
para que no fuera un milímetro demasiado grande
ni un miligramo demasiado pesada. Y la ha bendecido
en su santísimo nombre, ungiéndola con su gracia y
perfumándola con su consuelo. Y luego te miró de nuevo
a ti y a tu coraje, y así finalmente llega a ti desde el cielo
como un saludo de Dios para ti, como una LIMOSNA
de amor misericordioso.

San Francisco de Sales (1567-1622)

LIMOSNA
Don que se hace por
compasión.

La cuestión de cómo escapar del sufrimiento se plantea en todas las religiones de la tierra. También podemos interrogarlas por la muerte. ¿Te imaginas que aquellos antonianos de Issenheim, en lugar de un crucificado del maestro Grunewald, hubieran comprado un Buda en cualquier centro comercial para reunir a los enfermos ante su sonriente paz interior? En el budismo se dice esencialmente: «La vida es sufrimiento», y este sufrimiento no cesa hasta que nos despojamos de la causa de todo sufrimiento: los deseos. Pero yo no quiero ser totalmente (in)feliz, sino alcanzar la meta más profunda de mis deseos: llegar a mi plenitud. Me gustaría tener vida, vida en abundancia, vida sin fin. No quiero renunciar a mi vida, no pagar las acciones de mi alegría hasta que se agote. Soy cristiano; sea cual sea mi angustia, sé que puedo salir de ella sano y salvo.

«Un ser humano sin religión», decía el arzobispo Hélder Câmara, «es un caminante sin meta, un interrogador sin respuesta, un luchador sin victoria y un moribundo sin una vida nueva». Mejor lo hubiera dicho afirmando «sin religión cristiana». Cuantas más cruces se quiten de las aulas, de las salas de audiencias, con más santidad deben los cristianos tener la imagen del crucificado en sus corazones, pues es una imagen de la mayor de las alegrías, de la definitiva salida del sol: de la resurrección.

Pregunta 136: ¿Cómo ve la Iglesia a las demás religiones?

Yo he venido para que todos tengan vida, y la tengan abundante.
Jn 10,10

Pregunta 281: ¿Por qué anhelamos la felicidad?

¿Para qué necesitamos la Iglesia?

La Iglesia es

una realidad visible y un misterio.

Algo humano y divino a la vez.

Una corriente mediante

la que fluye hasta nosotros

la vida verdadera.

Un lugar para compartir el amor.

Un hogar donde vivir con alegría.

Lc 1,38

Pregunta 121: ¿Qué significa «Iglesia»?

El que quiera comprender el misterio más profundo de la Iglesia que contemple la imagen superior. A primera vista, se trata de una imagen de la Virgen María. María fue considerada desde la Antigüedad como su «arquetipo». ¿Por qué? Su cuerpo fue la primera morada de Dios al encarnarse. Es más: Jesús era la vida entera de María. Ella vivía para él, y él vivía en ella. De igual modo debe ser la Iglesia: un lugar en el que pueda vivir el Resucitado. Un lugar de amor y disponibilidad total. Al igual que entonces, cuando Dios llamó a la puerta de una joven de Galilea, Dios buscaba un lugar para estar en el mundo. «Que se haga en mí según tu palabra», respondió María al ángel de Dios.

Pregunta 128: ¿Qué quiere decir que la Iglesia es el «templo del Espíritu Santo»?

Dios no solo buscó entonces un lugar en donde pudiera vivir Jesús. También lo busca hoy entre nosotros. Por eso se dice que la Iglesia es «templo del Espíritu Santo». La palabra «templo» significa mucho más que «espacio santo». Ciertamente, Dios está presente en todas partes, pero a menudo resulta difícil distinguir dónde nos encontramos con lo divino o con algo puramente humano. Asombra leer en la Biblia que Dios quiere «habitar» realmente entre nosotros. Hacer que Dios «habite» entre nosotros es nuestra tarea común. Pero no somos nosotros por nuestra cuenta los que debemos construir un templo. Muchos han trabajado en ello, y, en última instancia, es Dios mismo, el Espíritu Santo, el que ha construido y sigue construyendo día y noche la morada de Dios entre nosotros.

Así reconocerán que yo soy el Señor su Dios, el que los sacó de Egipto para vivir entre ellos. Yo soy el Señor su Dios.
Ex 29,46

La Iglesia no tiene otro propósito en la vida que Jesús mismo. Solo tenemos que estar alrededor de Jesús y dejarlo actuar. Entonces somos la Iglesia. En el evangelio de Lucas, Jesús dice: «Mi madre y mis hermanos son los que escuchan la palabra de Dios y la cumplen» (Lc 8,21). «La Iglesia», dice el papa

2.1 ¿Qué es la Iglesia? ¿Quién está en la Iglesia?

 Lc 8,21

Benedicto XVI, «es la familia de Dios en el mundo». Así que la Iglesia es ante todo el Jesús vivo que vive con nosotros hoy, y solo entonces viene su «familia», nosotros, los imperfectos, nosotros los pecadores, que junto con Jesús podemos ser «un cuerpo».

Pregunta 126: ¿Qué significa que «la Iglesia es el cuerpo de Cristo»?

Efectivamente, Jesús se ha metido tan profundamente en nosotros que, en cierto modo, somos «un cuerpo» con él. Numerosos pasajes de la Biblia remiten a esta realidad. San Agustín (354-430) expresó con gran profundidad lo que sucede cuando recibimos la sagrada comunión: «Reciban lo que son, *el cuerpo de Cristo*, para que lleguen a ser lo que reciben: *el cuerpo de Cristo*».

Te convertiré en una gran nación, te bendeciré y haré famoso tu nombre, y servirás de bendición para otros.

Gn 12,2

En el Concilio Vaticano II cobró vida nueva una antigua imagen bíblica, la imagen del *(nuevo)* «pueblo de Dios», que «peregrina entre las persecuciones del mundo y las consolaciones de Dios». Con el antiguo pueblo de Dios se refiere al pueblo de Israel, que había recorrido un largo camino con Dios. Sin olvidar al pueblo de Israel, Jesucristo crea un nuevo pueblo para que las personas de todos los pueblos y culturas caminen con Dios.

Si se mira hoy a la Iglesia, uno puede quedarse atónito de lo que ha sido de ella durante 2000 años. Se podría casi perder de vista la visión de conjunto. A veces, miramos la enorme *institución*, vemos las catedrales y grandes iglesias, los sacerdotes y obispos, oímos hablar de los donativos que recibe o da Cáritas. Después miramos la *realidad espiritual* de la Iglesia, oímos hablar de vocaciones y vemos a personas que oran o consagran a Dios su vida. Las dos realidades son las dos caras de la misma moneda: lo *espiritual* y lo *institucional*. Sin la institución, la Iglesia no podría existir en el mundo; necesita dinero para poder ayudar, espacios para encontrarse, y personas con una misión especial. Pero todo sería un aparato muerto, sin espíritu, si lo *espiritual* –la realidad viviente de Dios en el Espíritu– no fuera el corazón de la Iglesia.

Pregunta 138: ¿Cómo está estructurada la Iglesia una, santa, católica y apostólica?

Pregunta 119: ¿Qué hace el Espíritu Santo en la Iglesia?

Déjense construir como piedras vivas en un templo espiritual.
1 Pe 2,5

❝ Sí, es cierto. Los escándalos de la Iglesia han sido y son una vergüenza y una verdadera ofensa. Sin embargo, no son un fallo de origen que aparece por casualidad, y que se podría suprimir con un poco de buena voluntad. El mismo Jesús se mezcló con gente normal hasta peligrosa, trató por igual a María Magdalena, al publicano Zaqueo, a una mujer sorprendida en adulterio, a gente terrible como Judas, quien después le traicionó, a Pedro, que lo negó antes de que el gallo cantara tres veces. Si en la Iglesia solo pudieran estar hombres y mujeres sin tacha, estaría probablemente vacía. Por lo menos yo no tendría ninguna oportunidad de tener en ella un lugar pequeñito: me conozco, soy capaz de todo. La Iglesia concreta no es un club de perfectos, sino que, por voluntad de Jesús, es un lugar para la transformación paulatina de personas totalmente normales. Personas que a veces se equivocan, que tienen todo tipo de faltas en su haber, que necesitan urgentemente que las agarren y las mejoren. Afortunadamente, Jesús nos ha asegurado: «No necesitan médico los sanos, sino los enfermos. No he venido para llamar a los justos, sino a los pecadores» (Mc 2,17). Todos estamos un poco incapacitados: Uno tiene problemas con el dinero, el otro con la verdad, el tercero con el sexo, con el cuarto no se puede contar, el quinto es un cabezota y el sexto soy yo. No avanzamos al son de una marcha triunfal. Cojeamos, tropezamos, avanzamos lentamente. Pero caminamos. Y además juntos. Esta es la Iglesia en la que me gusta estar.

Bernhard Meuser, *Christsein für Einsteiger* (Ser cristiano para principiantes)

▼ **Pregunta 123:** ¿Cuál es la misión de la Iglesia?

La Iglesia no es un fin en sí misma. Dios no sentiría la mínima alegría si ella se dedicara a dar vueltas en torno a sí misma. La creó para el bien de la humanidad. Debe ser «signo e instrumento de la unión íntima con Dios y de la unidad de todo el género humano» (*Lumen gentium*). Por tanto, la Iglesia no puede mantenerse centrada en ella: *debe servir a la humanidad con amor*, teniendo en cuenta estas palabras de Jesús: «Todo lo que ustedes hayan hecho en favor del más pequeño de mis hermanos, a mí me lo han hecho» (Mt 25,40).

 **Mt 25,40**

La Iglesia está totalmente centrada cuando realiza tres tareas fundamentales:

Proclamar la Palabra de Dios: «Que proclames el mensaje e insistas tanto si parece oportuno como si no lo parece. Argumenta, reprende y exhorta echando

mano de toda tu paciencia y competencia en enseñar» (2 Tim 4,2).

Administrar los sacramentos y celebrar la eucaristía: son los espacios fundamentales en los que Dios actúa en nosotros, nos transforma, nos libera y nos redime.

Servir a la humanidad con el amor de Cristo: «Les aseguro que todo lo que hayan hecho en favor del más pequeño de mis hermanos, a mí me lo han hecho».

Pregunta 190: ¿Qué es una casa de Dios cristiana?

 **2 Tim 4,2**

¿Por qué se bautizan los cristianos?

LA REALIDAD ES

que la vida normal

termina cuando acaba.

Pero cuando uno se hace cristiano,

recibe mediante el bautismo

una vida regia

que no termina aun cuando el mundo

acabe mañana.

Johann Wolfgang von Goethe (1749-1832) es considerado el poeta alemán más importante.

El poema de Goethe *El rey de los elfos* fue impactante en su época. Un padre cabalga con su hijo enfermo en brazos durante «la noche y el viento». El niño está ansioso, se siente amenazado por un demonio asesino, el rey de los elfos. El padre trata de tranquilizar al niño, que llora desesperadamente; lo presiona más fuerte entre sus brazos y cabalga más rápido. El poema termina con las palabras: «Llega exhausto al patio. En sus brazos yacía muerto el hijo».

Pregunta 197: ¿Por qué mantiene la Iglesia el bautismo de niños?

¿Qué lleva a unos jóvenes padres a tomar su bebé en brazos para llevarlo a bautizar? Sienten como una corazonada existencial que está muy relacionada con el poema anterior. Se les ha confiado un ser inocente. Es el anhelo más profundo de su amor salvar a este niño de cualquier cosa que pueda dañarlo. Así que se vuelven a Dios, el Señor de la vida, y le piden su bendición. Esto es el bautismo para muchas personas.

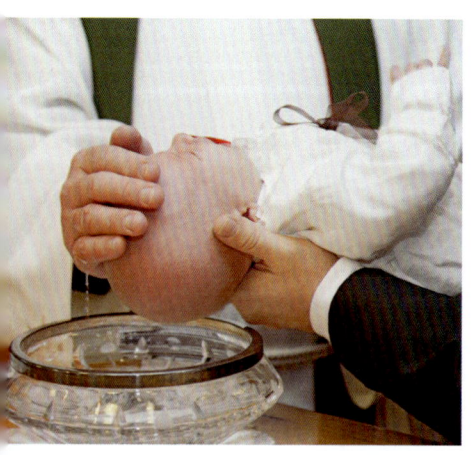

¿No es una piadosa ilusión? ¿Qué podemos decir de todas las madres cuyos hijos fueron enviados a la guerra para no regresar nunca más? ¿No nos dirigimos todos hacia la muerte? «En sus brazos yacía muerto el hijo», ¿no tenemos que experimentar esto a menudo? La vida tiene sus cosas hermosas, pero no podemos aferrarnos realmente a nada; todo está amenazado. Y puesto que existe el pecado, nos destruimos unos a otros. ¿No es todo el amor y la

> El bautismo es un don, un don de la vida. Pero es un don que debe ser aceptado, querido. Trae consigo el don de una amistad, que implica decir sí al amigo y decir no a todo lo que es incompatible con esa amistad, incompatible con la vida de la familia de Dios, con la vida verdadera en Cristo.

Papa Benedicto XVI

voluntad de protegernos (con o sin ayuda divina) un esfuerzo vano?

El «bautismo» debe ser más que un deseo piadoso. Debe ser más que un ritual cargado del sentimentalismo de una fiesta de tíos y tías en torno a un tierno bebé bien vestido, pero que no se entera de nada. De ser así, podrían ahorrárselo.

Pregunta 194: ¿Qué es el bautismo?

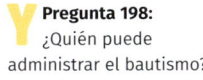
Pregunta 198: ¿Quién puede administrar el bautismo?

Echemos un vistazo a lo sucedido en Malí. No hace mucho tiempo, un sacerdote preparaba para el bautismo a cuarenta adultos. En las últimas semanas de la preparación de tres años se establecieron cerca de la iglesia. Era un hecho que no podía ocultarse. Una noche, el sacerdote recibió llamadas violentas y amenazadoras de islamistas radicales: si estas personas eran bautizadas, nada podía garantizarse. El sacerdote les dijo que eran libres de irse. Hablaron entre ellos.

2.26: ¿Cuáles son los orígenes del islam?

Ninguno se fue. Uno habló en nombre de todos: «Queremos ser bautizados, ¡con agua o con sangre!». Fueron bautizados, con agua. Cuarenta personas adultas arriesgaron literalmente el cuello para ser bautizados. ¿Y si un comando hubiera irrumpido en la iglesia con ametralladoras, latas

Bautismo de sangre es otra palabra para referirse al martirio. Los cristianos perseguidos en época romana eran arrojados como comida a los leones. Si aún no habían recibido el bautismo, su martirio era considerado como «bautismo de sangre».

Pregunta 195: ¿Cómo se administra el bautismo?

de gasolina y bombas incendiarias? Entonces, hubieran recibido el «bautismo de sangre» y se hubieran unido así con Cristo. Para los cristianos de Malí el bautismo era algo que merecía la pena pagar a cualquier precio, incluso con la propia vida.

 * ن: La milicia del terrorista Estado Islámico marcó en Mosul en 2014 con esta letra las casas de los cristianos (a los que llaman نصراني naṣrānī, «nazarenos»). Se convirtió en símbolo de la persecución contra los cristianos, pero también de expresión de solidaridad de los usuarios de las redes sociales con los cristianos perseguidos. **Wikipedia.**

Mt 28,19

Mc 16,16

En el año 177 fue ejecutado en Lyon un grupo de cristianos, entre ellos al diácono Sanctus. El juez le preguntó por su nombre, origen y profesión. Sanctus siempre le dio solo una respuesta: «Yo soy cristiano».

Y tenían razón. *El bautismo da vida para siempre.* Esta es la enseñanza cristiana. Y a ella responde la Iglesia. Y así sigue a Jesús, que en Mt 28,19 exige el bautismo y ve en Mc 16,16 («Quien crea y se bautice, se salvará...») la puerta de entrada a la vida verdadera. Esta es la entrada principal. Evidentemente, Dios tiene también caminos para las personas que no llegan a bautizarse. Desde entonces, la Iglesia hace como hizo antaño Pedro en los Hechos de los Apóstoles; exhorta a las personas a la fe y les proclama incesantemente: «Conviértanse y que cada uno de ustedes se bautice en el nombre de Jesucristo, a fin de obtener el perdón de sus pecados. Entonces ustedes recibirán, como don de Dios, el Espíritu Santo» (Hch 2,38).

Tal vez haya alguien a quien todo esto le resulte extraño: ¿por qué razón voy a tener yo que vivir unido a ese Jesús? ¿Por qué me tengo que «revestir» de Cristo, tal como se celebra en el bautismo (cf. Gal 3,27)? Muy fácil: porque Jesús es el único puente entre la muerte y la vida. Con una comparación lo podremos entender todos.

En la Amazonia, son tristemente numerosos los casos de pueblos indígenas que ven su hogar destruido y su vida amenazada por los intereses mezquinos de perversas políticas económicas (fuego, contaminación, esquilmación, ruina del ecosistema). Gracias a Dios, cientos de misioneros, cooperantes y voluntarios comparten la vida de estas comunidades indígenas y reivindican para ellas el sueño de vivir en una Amazonia protegida, custodiada y respetada.

Pregunta 200: ¿Qué ocurre en el bautismo?

Pregunta 199: ¿Es realmente el bautismo el único camino para la salvación?

Pues bien: los seres humanos nos encontramos –como esas poblaciones indígenas– rodeados de muerte por todas partes, situación que, en nuestro caso, se debe a la fatalidad contraída por nuestro pecado y la maldad de nuestro corazón. Y, entonces, viene alguien que –como esos misioneros y cooperantes– comparte nuestra vida, nos libra de la aniquilación y nos aporta una vida nueva y bella: es Jesucristo, que asume totalmente nuestra condición humana, comparte nuestro sufrimiento, toma sobre sí nuestros pecados y nos libera de la muerte a la que estábamos condenados. Esta liberación es la resurrección: Jesús estuvo muerto, pero ahora vive para siempre. El comienzo de la resurrección de Jesús es el bautismo: por él somos llevados de la tierra de la muerte a la vida sin fin. El bautismo, por tanto, es como la salvación de la ruina que destruye la Amazonia. Así lo dice san Pablo en su Carta a los Romanos: «¿No saben ustedes que, al ser vinculados a Cristo por el bautismo, fuimos vinculados también a su muerte? Por el bautismo, en efecto, fuimos sepultados con Cristo, a fin de participar en su muerte. Por tanto, si Cristo venció a la muerte resucitando por el glorioso poder del Padre, es preciso que también nosotros emprendamos una vida nueva» (Rom 6,3-5).

 Rom 6,3-5

¿Por qué se confirman los cristianos?

LA FE ES UNA AVENTURA.

El Espíritu Santo es
el que te hace valiente
y te da el vigor
para tirarte de cabeza
al agua

Sobre el sacramento de la confirmación existe un chiste. Dos párrocos hablan sobre la plaga de murciélagos en sus iglesias: «Yo lo he probado realmente todo», dice uno, «y no he conseguido echarlos». El otro hace un gesto negativo con la mano: «Pero si es muy sencillo… Yo los he confirmado a todos, y, desde entonces, no regresa ni uno».

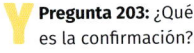

Pregunta 203: ¿Qué es la confirmación?

INICIACIÓN

Este chiste contiene un fondo de verdad. La confirmación es con el bautismo y la eucaristía (la primera comunión) uno de los tres SACRAMENTOS DE LA INICIACIÓN CRISTIANA; algunos se refieren a él como «el sacramento de la incorporación a la comunidad católica» o «el sacramento de la mayoría de edad». Es una burla empujar suavemente a los jóvenes hacia un sacramento que obviamente no quieren o con el que aparentemente no tienen nada que ver. De lo contrario, no se irían al día siguiente. Algunos hablan de una «mentira» institucionalizada y exigen que esta

«farsa» se detenga inmediatamente; otros son más cautelosos y dicen que nunca se puede saber qué «queda» del Espíritu Santo en los jóvenes.

Pregunta 204: ¿Qué dice la Sagrada Escritura sobre el sacramento de la confirmación?

Obviamente, estamos a años luz del significado y origen de la confirmación si no podemos creer que es posible escapar de los mecanismos de un ritual vacío. Echemos una mirada al Nuevo Testamento y la práctica de la Iglesia primitiva. En Samaría, actual

Cisjordania, la gente había encontrado a Cristo. «Cuando los apóstoles que estaban en Jerusalén se enteraron de que Samaría había acogido favorablemente el mensaje de Dios, enviaron allá a Pedro y a Juan. Llegaron estos y oraron por los samaritanos para que recibieran el Espíritu Santo, *pues aún no había descendido sobre ninguno de ellos;* únicamente habían sido bautizados en el nombre de Jesús, el Señor. Les impusieron, pues, las manos y recibieron el Espíritu Santo» (Hch 8,14-17).

Pregunta 118: ¿Qué sucedió en Pentecostés?

 Hch 8

También Pablo «confirma», y lo hace en la rica ciudad de Éfeso: «Cuando finalmente llegó a Éfeso, encontró allí a un grupo de discípulos a quienes preguntó: "¿Ustedes recibieron el Espíritu Santo cuando abrazaron la fe?". "Ni siquiera hemos oído hablar del Espíritu Santo", le respondieron. "Entonces, ¿qué bautismo han recibido?", preguntó Pablo. "El bautismo de Juan", contestaron. Pablo les explicó: "Juan bautizaba como señal de conversión, e invitaba a la gente a creer en el que había de venir después de él, es decir, en Jesús". Al oír esto, se bautizaron en el nombre de Jesús, el Señor. Acto seguido, cuando Pablo les impuso las manos, descendió el Espíritu Santo sobre ellos y comenzaron a expresarse en un lenguaje misterioso y a hablar en nombre de Dios» (Hch 19,2-7).

3.37: En la confirmación, ¿desciende el Espíritu Santo sobre nosotros por segunda vez?

 Hch 19

,, Todos nos preocupamos de bautizar a nuestros hijos, y está bien, pero quizá no nos preocupamos tanto de que reciban la confirmación. De esta manera, se quedan a mitad del camino y no reciben el Espíritu Santo, que tan importante es en la vida cristiana, porque nos da la fuerza para avanzar.

Papa Francisco

Pregunta 207: ¿Quién puede confirmar?

¿De qué se trata entonces? ¿Qué es la confirmación entonces? El diccionario nos puede ayudar. En griego, *espíritu* se dice *pneûma* y es el étimo de *neumático* (cámara de caucho que se infla formando una rueda, una lancha, un flotador). Pues bien: con el bautismo

> **"** El Espíritu Santo actúa en nuestra vida, haciendo posible lo imposible e imposible lo posible.
>
> **Jakob Abrell** (1934-2003)

contamos ya con el neumático, pero, para funcionar con éxito, siempre le hará falta el aire interior, el «pneûma»: ¡el Espíritu!

Ya vemos en el Nuevo Testamento dos realidades espirituales, que están íntimamente conectadas, que juntas constituyen un círculo, pero que se transmiten por separado. Quizá podríamos expresarlo así: El bautismo es más un sacramento de Jesús; nos une tan profundamente con el Señor Resucitado que llegamos a ser «un cuerpo» con él y los demás cristianos (lo que celebramos en la eucaristía). La confirmación es más bien un sacramento del Espíritu. En la confirmación se nos da el Espíritu Santo, que es también el Espíritu de Jesús.

Pregunta 59: ¿Para qué ha creado Dios al ser humano?

Despójense de su antigua vida como si fuera ropa vieja. Revístanse de la vida nueva, como de ropa nueva. Todos verán que ustedes pertenecen a Dios y que viven como a él le agrada.

Ef 4,22-24 según una nueva traducción

En la confirmación nos hacemos personas espirituales. Dios mismo pone su morada en las quebradas de nuestra alma. En adelante, vivimos de una fuente que es más profunda que nuestros pensamientos más profundos. Experimentamos un impulso en nosotros que supera toda fuerza de voluntad. En nosotros vive, ama y respira Dios. Y así, ya no pertenecemos solo de forma externa a Jesús —porque nos gusta, porque somos sus admiradores, porque estamos de acuerdo con su enseñanza—. No:

como personas espirituales; como personas que vivimos del Espíritu, entramos en una auténtica «relación» con él. Le pertenecemos.

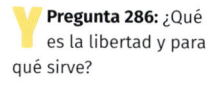

Pregunta 286: ¿Qué es la libertad y para qué sirve?

El obispo Stefan Oster dijo en una homilía durante una confirmación lo siguiente: «Pertenecerle a ÉL no significa que nos enganchemos a su cadena y seamos arrastrados por él. Pertenecerle significa que somos sus amigos. Somos hijos de Dios. Le pertenecemos porque hemos optado libremente por él». Y siguió diciéndoles a los confirmandos: «Háganse especialistas de relaciones en la relación con Dios y ayuden a otros a encontrar esta relación. Debemos especializarnos en la relación con Dios, porque aprendemos cada vez mejor cómo vivir en relación con Dios, cómo crece esta relación, cómo nosotros mismos crecemos en ella, cómo nosotros mismos somos llevados por ella. Y debemos ayudar a otras personas a incorporarse a esta relación».

Pregunta 340: ¿Cómo se relaciona la gracia de Dios con nuestra libertad?

> 99 En la misma medida en que uno ama a la Iglesia, posee el Espíritu Santo.

San Agustín (354-430)

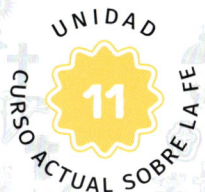

¿Cómo nos reconcilia Dios con él y con los demás?

POR QUÉ SE CONFIESA

hasta el Papa

y por qué

no puedo ser cristiano

si todo lo resuelvo

a solas conmigo mismo.

Pregunta 67: ¿Qué es el pecado?

Pregunta 315: ¿Qué es en realidad un pecado?

1 Cor 15,3

Parece que vivimos en la época de las excusas universales. Pase lo que pase, todo se atribuye a los padres, a las circunstancias, a la política o al vecino. Nos gusta hablar del pecado y la culpa, pero solo cuando se trata del otro.

Los psicólogos dicen, con razón, que no puede construirse una personalidad fuerte si uno se autodestruye constantemente y no encuentra el modo de aceptarse y sentirse bien. Hoy sabemos lo importante que es dar a los niños motivaciones positivas desde el principio. Pero ¿debe dejarse de lado por eso el tema del pecado? Después de todo, leemos en el Nuevo Testamento que «Cristo murió por nuestros pecados» (1 Cor 15,3). Aún cuelgan los crucifijos en las aulas y los tribunales de justicia. ¿Se trata de un vestigio de tiempos oscuros?

El repliegue del pecado comenzó en el siglo XIX con **Friedrich Nietzsche**, el filósofo radical, que se opuso al «pecado», que consideraba un enfermizo «sentimiento y un invento judío», típico de una «religión de esclavos». El pecado se había utilizado para crear «arrepentimiento, degradación y apisonamiento contra el polvo» y así humillar a los seres humanos. «Solo si te arrepientes Dios te perdona» es algo que nunca habría tenido sentido para un «griego sano». Recomendaba «despreocuparse de las consecuencias naturales del pecado». Soñaba con la belleza vital y el poder superhombre rubio sin escrúpulos: «El animal tiene que salir de nuevo fuera, tiene que retornar a la selva; las aristocracias romana, árabe, germánica, japonesa, los héroes homéricos, los vikingos escandinavos, todos ellos coinciden en tal imperiosa necesidad».

Pregunta 290: ¿Cómo nos ayuda Dios a llegar a ser personas libres?

Todos sabemos lo que hicieron los nazis con este pensamiento. El pecado existía en el nacionalsocialismo solo como «pecado contra la sangre y la raza». Los ideólogos del pueblo se aseguraron de que la gente se deshiciera de su conciencia y se volviera ciega a todos los factores reales de la deshumanización. Pronto los «superhombres» rubios se pararon en el muelle de carga y vieron, sonriendo malévolamente, cómo los «infrahumanos» eran cargados en vagones de ganado para ser transportados a las cámaras de gas. Hay mucho que debe quedar claro: vaciar de sentido al pecado, tomarlo a la ligera, hacerlo ridículo, excluirlo de la existencia humana es una mentira, a menudo un autoengaño. «Si alardeamos de no cometer pecado, somos unos ilusos y no poseemos la verdad» (1 Jn 1,8). Las consecuencias son dramáticas. La mentira fue/es, por cierto, el *pecado original*, como se puede leer en el libro Génesis. El evangelio de Juan habla del «padre de la mentira» (Jn 8,44) y lo considera el «asesino desde el principio» (Jn 8,44). Es el diablo. No hay razón para trivializarlo y jugar a ser «diablillos».

Pregunta 297: ¿Se puede formar la conciencia?

Pregunta 312: ¿Cómo sabe una persona que ha pecado?

 Gn 1

 Jn 8,44

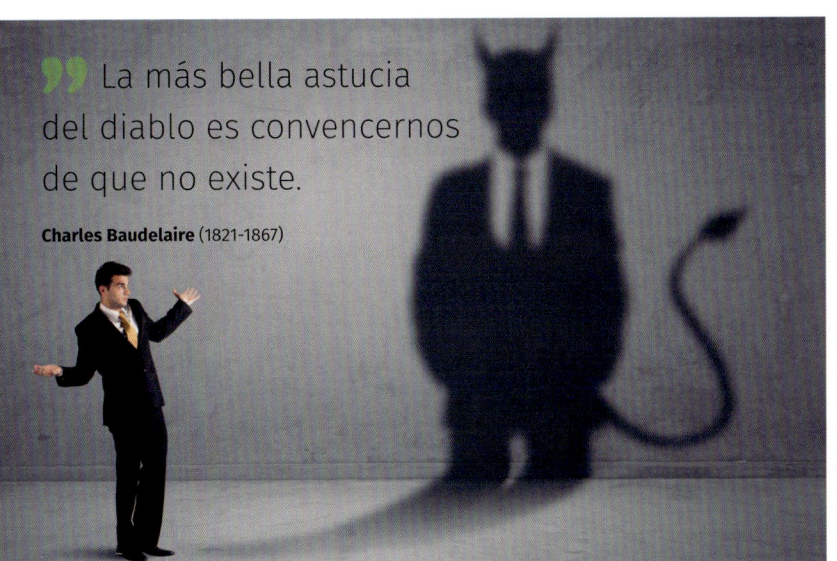

" La más bella astucia del diablo es convencernos de que no existe.

Charles Baudelaire (1821-1867)

Pregunta 453: ¿Qué tiene que ver con Dios nuestra relación con la verdad?

Hasta aquí mucha gente estaría de acuerdo. Pero no entienden qué tiene que ver el pecado con Dios. Recurramos a una reflexión que nos ayude. Sustituyamos la palabra «Dios» por la palabra «Absoluto», y añadamos algunas cualidades más: la belleza absoluta, la verdad absoluta y el bien absoluto. Dios no puede definirse, pero por mucho que exceda lo que es terrenalmente bueno, verdadero y bello, también puede decirse que lo no bueno, lo no verdadero y lo no bello es, de alguna manera, *absolutamente imposible* en Dios. Ahora bien, somos seres humanos que estamos siempre dispuestos a hacer concesiones. Imaginemos, pues, que existiera un mundo en el que un abusador sexual pudiera finalmente decir: «¡Pues para mí es bello!», un mentiroso: «¡Pero sé que es verdad!», y un ecocida: «¡Pero pensamos que es un bien!».

99 Que no haya nadie en el mundo, que haya pecado todo cuanto haya podido pecar, que, después de que haya visto tus ojos, nunca se retire sin tu misericordia, si busca misericordia.

San Francisco de Asís (*ca.* 1181-1226)

Pregunta 232: ¿Qué es fundamental en una confesión?

Ahora bien, Dios existe. No está en absoluto alejado de nosotros. Al contrario: está tan cerca que todo lo que aquí va mal le golpea *absolutamente*, sí, golpea su corazón tan fuerte que da todo, incluso su propio Hijo, para reparar el mundo, para restaurar lo bueno, lo verdadero, lo bello, para reconciliarnos con él y con los demás. Pero Dios no solo está entre las víctimas del pecado, cuando eran cargadas en los vagones con destino a Auschwitz. Dios también tiene una solución para los pecadores. Para los pequeños, medianos y grandes pecadores, e incluso para las personas con

> **Dios es más grande que nuestra culpa.**
>
> **Papa Francisco**

botas altas que causan un desastre que excede infinitamente sus posibilidades de reparación. Es Dios mismo quien nos reconcilia consigo mismo por medio de Jesucristo, quien «hizo la paz en la cruz por su sangre» (Col 1,22).

B Col 1,22

Y Pregunta 150: ¿Puede realmente la Iglesia perdonar los pecados?

Tendríamos que pagar. Él paga. Solo se nos pide una cosa: la confesión de nuestros pecados. «En él tenemos... el perdón de los pecados» (Ef 1,7).

B Ef 1,7

 Que «en su nombre obtenemos el perdón de los pecados» es la confesión que los apóstoles exigían como confesión bautismal. Si este perdón solo lo hubiera proclamado Jesús como verdad general, no tendría nada que ver con la confesión de su nombre. Una vez aprendida la lección, podríamos olvidarnos del maestro. Jesús, como Sócrates, diría: «No se preocupen de Jesús, sino de la verdad. Pero el apóstol escribe: "*En él* tenemos el perdón de los pecados"».

Robert Spaemann (1927-2019), filósofo alemán

¿Por qué la Santa Misa es el evento central de la Iglesia?

Los cristianos católicos

creen que un trozo de pan
se transforma en Jesucristo.
Se trata de una afirmación asombrosa.
¿Por qué lo creen?

Pregunta 219: ¿Con qué frecuencia debe participar un católico en la eucaristía?

Cuando se le pregunta a alguien en la calle qué es lo típicamente católico, la respuesta es: «Deben ir a la iglesia todos los domingos». Ahora bien, con este deber se refieren a una cosa. ¿Debe besar una persona a su cónyuge? Pues también. Pero ¿de qué vale un amor que no se expresa con ternura? De igual modo, cabe preguntarse: ¿Dónde está tu cristianismo si no vas al lugar donde Jesús quiere encontrarse

contigo? Una respuesta muy de moda consiste en decir que mi cristianismo está allí donde quiero. Pero ¿acaso nos suministramos a nosotros mismos las fechas más importantes de nuestra vida? Nosotros no decidimos existir, ni cuándo nacemos ni quiénes son nuestros padres. Dios no sigue nuestras órdenes. Tampoco se adapta al orden del bosque, para cuando nos apetezca encontrarnos con él. El que quiera encontrarse con Jesús, hará bien en ajustarse a los lugares, signos y tiempos que él fijó para nosotros.

¡Que nada

Pregunta 168: ¿Por qué la liturgia tiene prioridad en la vida de la Iglesia y del individuo?

Pero ¿qué tiene que ver Jesús con este incomprensible acontecimiento dominical en la fría iglesia? Esto hay que explicarlo. Y hay que reconocer que a veces podría clarificarse más de lo que se hace. ¿Por dónde empezamos? Tal vez con esto: La Santa Misa *no es un tipo de celebración* entre otras, solo un poco más solemne, por lo que no puede elegirse entre un surtido de ofertas. La Santa Misa está fuera de competición. Es única y no es cuestión de gusto si prefiero una misa o una meditación en la capilla. Para ir al grano, su diferencia fundamental reside en que en ella recibes el cuerpo de Cristo y, al consumirlo, te conviertes tú mismo en «cuerpo de Cristo». «Cuerpo de Cristo» es otro nombre para referirnos a la Iglesia. Así que nadie puede decir: quiero pertenecer a la Iglesia, pero no quiero ser incorporado a ella. Eso sería absurdo.

Pregunta 126: ¿Qué significa que «la Iglesia es el cuerpo de Cristo»?

Pero ¿no es una representación de algo pasado, como las representaciones de la Pasión que se hacen en muchos sitios? No, en esas representaciones no muere nadie, aun cuando se derrame mucha sangre como efecto teatral. En la Santa Misa se realiza de nuevo para nosotros el sacrificio de Cristo en la cruz. El sacerdote no representa la edificante lección de la «Última Cena», sino que la realiza, y nosotros participamos en ella no mentalmente, sino realmente.

Pregunta 216: ¿De qué modo está presente Cristo cuando se celebra la eucaristía?

se anteponga a la misa!   **San Benito de Nursia** (*ca.* 480-547)

Ahora ha llegado el momento de fijarnos más de cerca en unos hechos asombrosos. Giramos la cámara hacia el cenáculo: Es la noche en la que Jesús es entregado, la noche de Pascua. Jesús hace lo que habría hecho cualquier padre de familia judío. Reúne a los suyos en torno a él –en este caso a los «Doce»– para celebrar una especie de liturgia sacrificial, la «eucaristía» (= acción de gracias). Pero,

Pregunta 167: ¿Qué es la liturgia?

> Yo soy el pan vivo que baja del cielo. El que come de este pan, vivirá eternamente. El pan que daré es mi carne para la vida del mundo.
>
> Jn 6,51

Lc 22,19

Lc 22,20

Pregunta 99: ¿Qué sucedió en la Última Cena?

1 Cor 11,24

Lc 22,18

al hacerlo, elige Jesús unas palabras abismales, que debieron de helarles la sangre en las venas a los apóstoles. Ora y se sacrifica, y dice sobre el pan las palabras: «Esto es *mi cuerpo*, que es entregado por ustedes» (Lc 22,19). ¿Cómo dices? *Se* está haciendo víctima. ¡Si lo hubiera oído un sumo sacerdote! Y empeora la situación aún más: Jesús toma el cáliz con vino y dice: «Este cáliz es la nueva alianza *en mi sangre*, que es derramada por ustedes» (Lc 22,20). ¡A ver, a ver! Pensemos. La alianza de las doce tribus con Dios era lo más sagrado para Israel. Y ahora viene Jesús y funda una nueva alianza con doce pescadores cualquiera. Y fundamenta esta alianza en su sangre. Y los apóstoles tenían que comer y beber para ser admitidos en ella. ¡Eso es alta traición! ¿Qué estás haciendo, Maestro? «Hagan esto en mi memoria» (1 Cor 11,24) ¿Qué es esto? ¿Y qué significa «De ahora en adelante, no beberé más del fruto de la vid hasta que venga el reino de Dios» (Lc 22,18)? Me imagino que Judas pensaría para sus adentros: Este hombre está completamente loco.

Hay que decir que los apóstoles *no pudieron* entender lo que Jesús quería decirles con todo ello. Solo

después del día sangriento en el Gólgota, después de la tumba vacía, después de los encuentros con el Resucitado, que partió el pan con ellos, llegaron a enterarse de lo que Jesús quería decirles con la entrega de su cuerpo, el derramamiento de su sangre por nosotros, la nueva alianza, y, con ella, mediante Jesús, el comienzo de una nueva historia de Dios con la humanidad. Estremece ver cómo ya los primeros cristianos se reunían el domingo para celebrar la liturgia de la cena y vivir la autoentrega de Jesús. La Iglesia sigue brotando de la eucaristía. Participa en ella.

Pregunta 208: ¿Qué es la sagrada eucaristía?

Pregunta 220: ¿Cómo debo prepararme para poder recibir la sagrada eucaristía?

3.44: ¿Por qué es tan aburrida la misa?

❞ El que comulga se pierde en Dios como una gota de agua en el océano. No se los puede separar. Cuando acabamos de comulgar, si alguien nos dijera: «¿Qué lleva usted a su casa?», podríamos responder: «Llevo el cielo». Un santo decía que somos puertas de Dios. Es verdad, pero no tenemos bastante fe. No comprendemos nuestra dignidad. Saliendo de la mesa santa, somos tan felices como lo hubiesen sido los Reyes Magos si hubiesen podido llevarse al Niño Jesús.

San Juan María Vianney (1786-1859), Cura de Ars

¿Cómo llama Dios?

¿CÓMO OPTIMIZAR MI VIDA?

Los cristianos no lo hacen
diseñándola en un tablero,
sino escuchando a Dios.
¿Qué quiere Dios de mí?
¿Para qué existo?

Pregunta 18: ¿Qué importancia tiene el Nuevo Testamento para los cristianos?

Pregunta 8: ¿Cómo se revela Dios en el Antiguo Testamento?

Gn 12,2

En las religiones antiguas, los «dioses» son en su mayoría figuras silenciosas y caprichosas. Si el tiempo no es bueno, la cosecha es escasa y los planes de guerra fallan, es porque están enfadados. Así que hay que invocarlos, suplicarles y hacer unos cuantos sacrificios más para que el mundo vuelva a funcionar. Incluso entre los cristianos se encuentran aún vestigios de esta primitiva imagen de Dios.

Hace varios milenios que en el Próximo Oriente amaneció para la humanidad un Dios totalmente diferente al que la gente le gusta imaginarse. Con Abrahán emerge un Dios que habla, un Dios que *quiere* algo... y no es precisamente un sacrificio humeante, ni de animales ni mucho menos de humano: «Sal de tu país a la tierra que te mostraré» (Gn 12,1). Lo que Dios quiere es algo que beneficia completamente a este jefe de nómadas. «Serás una bendición» (Gn 12,2). Con Abrahán comienza una historia interminable de un Dios que se involucra en ella bendiciendo, *llamando* y *nombrando*, *llamando* cada vez con más claridad a salir del sufrimiento. Todos los individuos lo experimentan, primero Israel, después el mundo entero. Esto queda muy claro con Jesucristo, que no solo llama a unos pescadores a ser pescadores de hombres (Mc 1,17) –por lo tanto, a un ministerio especial–, sino que tiene en mente una vocación para cada ser humano: Él «quiere que todos los hombres se salven y lleguen al conocimiento de la verdad» (1 Tim 2,4).

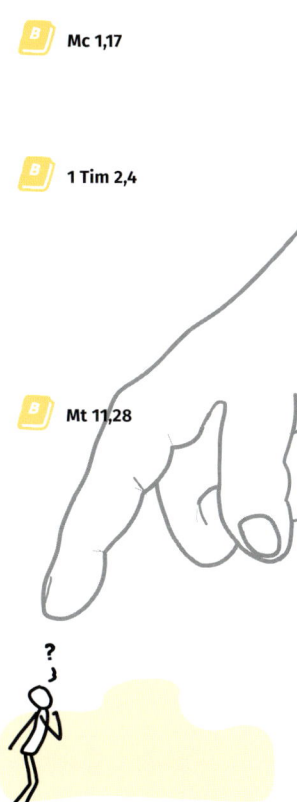

B Mc 1,17

B 1 Tim 2,4

El interés fundamental de Jesús es introducir a los seres humanos en una relación de comunicación, de amor y de amistad con Dios. Él mismo se introduce en

 esta relación asumiendo su dimensión divina: «Vengan a *mí* todos los que están cansados y agobiados» (Mt 11,28). La **Madre Teresa** (1910-1997) reflexionó intensamente sobre la cercanía de esta llamada, sobre el Dios que llama: «Para Dios tú eres único. Él quiere honrarte llenándote con su presencia. Él te llamó, tú le perteneces. Cuando te das cuenta de esto, puedes soportar cada error, cada humillación, cada sufrimiento, reconociendo el amor personal de Jesús por ti y el tuyo por él».

B Mt 11,28

Además, cada vocación tiene su rostro. A menudo, no elegimos para qué nos llama Dios y dónde nos coloca. Conozco a una mujer que acude a las llamadas para

99 Si un hombre es llamado a ser barrendero, debería barrer las calles incluso como Miguel Ángel pintaba, o como Beethoven componía música o como Shakespeare escribía poesía. Debería barrer las calles tan bien que todos los ejércitos del cielo y la tierra puedan detenerse y decir: aquí vivió un gran barrendero que hizo bien su trabajo.

Martin Luther King (1929-1968)

asistir a personas moribundas, porque tiene cualidades para ayudar a las personas a pasar de esta vida a la patria eterna. Hoy es consciente de que es *su* vocación.

Pregunta 1: ¿Para qué estamos en la tierra?

Pregunta 342: ¿Debemos todos ser «santos»?

En la Iglesia no solo hay vocaciones generales. ¿En qué consiste, por ejemplo, la vocación especial de un obispo? La respuesta más breve es: es un sucesor de los apóstoles. Hace lo que hacían los apóstoles.

En el Nuevo Testamento descubrimos una forma de estructura primaria de la Iglesia. Jesucristo es para siempre el Señor de la Iglesia. Él es el que actúa. Él perdona los pecados. Él enseña. Él cura. Él se sacrifica.

Pregunta 137: ¿Por qué se dice que la Iglesia es apostólica?

Pero en torno a Jesús encontramos a los discípulos, a quienes llamó junto a él formando una especie de escuela. Miran a Jesús directamente, hablan con él. Asumen sus intenciones. Son enviados de dos en dos «a todas las ciudades y pueblos a los que él quería ir» (Lc 10,1). Jesús ya no los llama «siervos», sino «amigos» (Jn 15,15). Los discípulos son el motor de la Iglesia, y quizá la clave de la crisis eclesial de nuestros días sea la falta de discípulos y de círculos de discípulos que, con una relación personal con Cristo, estén al servicio de Jesús en su entorno normal. Podemos pensar en los religiosos y las religiosas cuando hablamos de discípulos, pero ellos viven solo de forma emblemática lo que *todos los discípulos* deben realizar.

Pregunta 11: ¿Por qué transmitimos la fe?

Pregunta 139: ¿En qué consiste la vocación de los laicos?

De los discípulos saca Jesús a algunos, los apóstoles. De alguna manera, les da la vuelta y los orienta a dirigir la Iglesia mediante un servicio irreemplazable. Ellos hacen en calidad de representantes lo que solo Jesús puede hacer: edificar la Iglesia a partir de los sacramentos, sobre todo partiendo el pan (1 Cor 11,23-24) y perdonando los pecados («A quienes ustedes perdonen los pecados, les quedarán perdonados», Jn 20,23), pero también predicando «tanto si parece oportuno como si no lo parece» (2 Tim 4,2) y dirigiéndola en nombre de Jesús. El público en general cuestiona con frecuencia a

1 Cor 11,23-24

Jn 20,23

2 Tim 4,2

> **"** El sacerdote es una custodia:
> Su tarea consiste en mostrar a Jesús.
> Él mismo debe retirarse para
> dejar que solo se vea a Jesús.

San Carlos de Foucauld (1858-1916)

los sacerdotes, no solo por el tema del celibato. Algunos opinan que se podría organizar perfectamente una Iglesia sin sacerdotes. Esto es erróneo. Mientras que puede hablarse de por qué el celibato es exigido por la Iglesia como un signo «sumamente conveniente» –al fin y al cabo, Jesús vivió célibemente–, una Iglesia sin sacerdocio es impensable; se destruiría su matriz interna. Por cierto, una Iglesia que crea discípulos también aumenta las vocaciones al sacerdocio.

Pregunta 259: ¿En qué se diferencia el sacerdocio común de los fieles del sacerdocio ordenado?

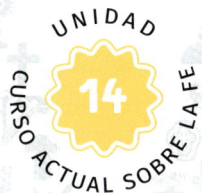

¿Qué significa la vida célibe en la Iglesia?

¿QUÉ MISTERIO ENCIERRA

la vida de don Camillo

—el célebre cura de la novela de Giovanni Guareschi—?

Estaba lleno de amor

y nunca se encontraba solo.

También en la vida real,

los sacerdotes son personas de relación:

viven de Dios.

Pregunta 265: ¿Tienen todas las personas vocación a la vida matrimonial?

Mt 19,12

Pregunta 145: ¿Por qué quiere Jesús que haya personas que vivan para siempre una vida en pobreza, castidad y obediencia?

Siempre me sorprende que el mayor problema de los laicos con la Iglesia sea el «celibato». Nadie obliga a los cristianos a seguir el consejo de Jesús, a saber, vivir como célibes «por causa del reino de los cielos» (Mt 19,12). Ningún cristiano tiene que vivir así. Lamentablemente, algunos religiosos y sacerdotes hacen una mala publicidad del celibato. En una ocasión fui testigo de un debate extraño. El rector de un seminario planteó la tesis de que el celibato debía complacer a los candidatos, es decir, que tenían que elegir esta forma de vida (con todas las privaciones emocionales) porque ninguna otra era adecuada para ellos. Otro sacerdote le respondió, airado, que era una insolencia, que provocaría la burla del hombre normal. El rector se mantuvo en sus trece. Todo fue, en efecto, una mala publicidad.

En primer lugar, hay que decir que el celibato de religiosos y religiosas es algo inmediatamente obvio. En cuanto a los sacerdotes, desde la Antigüedad hay sacerdotes casados en la Iglesia católica oriental. La Iglesia católica romana exige a sus obispos y sacerdotes una vida célibe desde hace unos mil años, por lo que podría haber cambiado esta exigencia. Debería tener buenas razones para eso. Hay que decir también que la imposición del celibato sacerdotal no solo se debe a razones espirituales, sino también políticas y económicas. Un sacerdocio que dependiera

,, El problema de la cristiandad en el mundo de hoy es que no se piensa ya en el futuro de Dios: parece suficiente solo el presente de este mundo. Queremos tener solo este mundo, vivir solo en este mundo. Así cerramos las puertas a la verdadera grandeza de nuestra existencia. El sentido del celibato como anticipación del futuro es precisamente abrir estas puertas, hacer más grande el mundo, mostrar la realidad del futuro que es vivido por nosotros ya como presente.

Papa Benedicto XVI

> **El celibato es un camino para dedicar toda tu energía al servicio de los demás, sin distracciones ni ataduras.**

Madre Teresa de Calcuta (1910-1997)

de los lazos de sangre podría generar un peligro, pues convertiría lo sagrado en una herencia y una posesión familiar. Por tanto, se trata «puramente» de un mandato de la Iglesia.

Enumeremos rápidamente las razones que hoy se dan en contra del celibato. En primer lugar, que algunos eligieron esta forma de vida claramente sin convicción. En segundo lugar, el escándalo de los abusos, puede llevar a pensar a muchas personas que los clérigos están siempre pensando en el sexo, lo cual no es en absoluto cierto. Pero debido a que muchos jóvenes han sido objeto de abuso por los sacerdotes, el gran signo de la existencia de otro mundo se ha convertido de repente para la opinión pública en un antisigno espantoso. Al parecer, se dio el ministerio a un número no insignificante de hombres con un desarrollo sexual

Pregunta 386: ¿Por qué el quinto mandamiento protege también la integridad física y mental de un ser humano?

inmaduro. Afortunadamente, los responsables lo han reconocido. Otra razón que explica la falta de sacerdotes se atribuye a las altas exigencias que implica vivir el celibato. Unido a esto, nos encontramos con que cada vez más comunidades no pueden celebrar habitualmente la eucaristía, porque no tienen sacerdotes. Algunas diócesis casi no tienen vocaciones al sacerdocio.

Y Pregunta 92: ¿Para qué llamó Jesús a los apóstoles?

Así pues, son diferentes las razones esgrimidas a favor de dispensar del celibato a los sacerdotes. Sin embargo, existe una razón fundamental que habla a favor de él:

Jesús vivió de forma célibe. Jesús mismo vivió totalmente para el Padre. A partir de este vínculo único con el cielo, Jesús se entregó totalmente a la humanidad. Es una invención de autores de segunda categoría la afirmación de que tuviera una amante llamada María Magdalena con la que terminaría casándose. Jesús mismo invitó a esta forma provocadora de vivir totalmente para Dios. Ya en la Iglesia antigua se llegó a la convicción de que lo mejor para los sucesores de los apóstoles –los obispos y los sacerdotes actuales– era vivir como Jesús vivió. En él se rompe el antiguo mundo que siempre gira en torno al engendramiento, el nacimiento y la muerte: «la figura de este mundo desaparece» (1 Cor 7,31). Los célibes, que lo son por voluntad de Dios (Mt 19,11: «No todos pueden entender esta palabra…»), llevan a cabo la novedad del mundo venidero iniciado radicalmente en Jesús, es decir, que Dios es ya «todo» lo que el ser humano necesita. Alguna vez entenderemos las palabras de santa Teresa de Jesús: «Quien a Dios tiene, nada le falta. Solo Dios basta».

1 Cor 7,31

Mt 19,11

Y Pregunta 250: ¿Cómo entiende la Iglesia el sacramento del orden?

El sacerdote que vive célibe de una forma piadosa y creíble representa a Cristo con toda su existencia. No es un funcionario, que hace un determinado trabajo, por la tarde vuelve a casa y juega con los hijos. Como siempre, la Iglesia está convencida de que Dios sigue enviando suficientes vocaciones allí donde se da una auténtico discipulado y un seguimiento de Cristo. Quizá sea esta la razón por la que en unos lugares hay abundancia de vocaciones mientras que en otros los seminarios y los noviciados languidecen. Aburguesar el sacerdocio, hacer de él una carrera normal y un puesto de trabajo para los diplomados en Teología, no puede ser sin duda la solución.

La palabra CELIBATO debería por otro lado ser abolida; no tiene sentido. Deriva del latín *caelebs* = vivir solo. Esto es exactamente lo que no debe ocurrirle, en ninguna circunstancia, al que se queda soltero por causa del reino de los cielos, es decir, vivir para sí mismo. O bien está en «una relación», es decir, en una historia de amor con Dios que le capacita para desarrollarse, o se convierte en un solterón excéntrico. El «celibato» vivido con sentido es algo social, es amor, es vinculación, es comunidad. Por eso la audacia de la vida célibe está más próxima a la audacia del matrimonio que a la incapacidad de algunos solteros para comprometerse.

◀ CELIBATO

▼ **Pregunta 122:** ¿Para qué quiere Dios la Iglesia?

🐦 **4.21:** ¿Por qué elegir el celibato si las personas están tan bien preparadas para el matrimonio?

UNIDAD
CURSO ACTUAL SOBRE LA FE
15

¿Qué significa el matrimonio en la Iglesia?

Por qué es tan importante
encontrar a la persona
que merece la pena
e ir juntas a la iglesia
ante el altar.

Pregunta 400: ¿Qué quiere decir que el ser humano es un ser sexuado?

Pregunta 64: ¿Por qué ha creado Dios al ser humano como varón y mujer?

Pregunta 401: ¿Es un sexo superior al otro?

Una de las mejores invenciones de Dios fue quizá crear al ser humano como *hombre y mujer*. ¡Qué mundo tan triste sería si no existiera el amor, el erotismo y todas las fascinantes diferencias entre hombres y mujeres! Unos 6500 genes se expresan de forma diferente en ellos. Y, sin embargo, una mujer compadece a otra que tiene que trabajar en una oficina solo de mujeres: «Solo mujeres, ¿cómo lo soportas?», o un hombre a sus compañeros: «Solo hombres, ¡qué aburrimiento!». Dios no solo ha creado de forma diferente a hombres y mujeres, sino que también los ha creado el uno para el otro, para que se complementen entre sí y juntos expresen la semejanza con Dios.

" La mayoría de las personas temen perder la libertad si aman, y no pueden creer que el amor es a la vez el más grande desarrollo de la libertad.

Erich Fromm (1900-1980)

Se podría decir que Dios sabe perfectamente que los hombres «son de Marte» y las mujeres «de Venus»; pero, como si fuera un truco suyo, ha creado una sola plataforma para que se unan permanentemente: el *amor*. El amor entre el hombre y la mujer desemboca en el matrimonio, que no es ningún montaje patriarcal; en la esencia del ser humano y en la del amor mismo se encuentra una vinculación incondicional.

El *amor* es algo profundo, un estado en el que una persona se presenta a otra, que vale todo el oro del mundo, incluso la propia vida. El amor hace que una persona se entregue loca y totalmente a otra sin condiciones. ¿Y si enfermo? ¡No importa! ¿Y si me salen canas? Tú siempre me gustarás. Albert Camus

Pregunta 402: ¿Qué es el amor?

Pregunta 260: ¿Por qué ha hecho Dios al hombre y la mujer el uno para el otro?

decía al respecto: «Amar a una persona significa estar dispuesto a envejecer con ella». El amor es un regalo. Los regalos no se devuelven. El hombre y la mujer crean un espacio cálido, donde nacen y crecen felizmente los hijos.

Dice el papa Francisco: «El *matrimonio* es también un trabajo de todos los

99 Amar a alguien es ser el único que ve un milagro invisible para los demás.

Fiódor M. Dostoyevski (1821-1881)

Pregunta 418: ¿Qué importancia tiene un hijo en el matrimonio?

Pregunta 261: ¿Cómo se realiza el sacramento del matrimonio?

días, podría decir un trabajo artesanal, un trabajo de orfebrería, porque el marido tiene la tarea de hacer más mujer a su esposa y la esposa tiene la tarea de hacer más hombre a su marido. Crecer también en humanidad, como hombre y como mujer. Y esto se hace entre ustedes. Esto se llama crecer juntos. Esto no viene del aire. El Señor lo bendice, pero viene de las manos de ustedes, de sus actitudes, del modo de vivir, del modo de amarse. ¡Hacernos crecer! Siempre hacer lo posible para que el otro crezca. Trabajar por ello. Y así, no lo sé, pienso en ti que un día irás por las calles de tu pueblo y la gente dirá: "Mira aquella hermosa mujer, ¡qué fuerte!". "Con el marido que tiene, se comprende". Y también a ti: "Mira aquel, cómo es". "Con la esposa que tiene, se comprende".

" Eres responsable para siempre de lo que has domesticado.

Antoine de Saint-Exupéry (1900-1944)

Es esto, llegar a esto: hacernos crecer juntos, el uno al otro».

Para que tenga consistencia lo que desde un punto puramente humano se vería arriesgado, el hombre y la mujer profesan su amor ante un sacerdote mediante el «sacramento del matrimonio», que es mucho más que un mero contrato matrimonial. Dios ofrece una alianza a la pareja; se involucra en la comunidad del hombre y la mujer y los une en la profundidad de su propio amor irrevocable: «Lo que Dios ha unido, nadie lo separe» (Mt 19,6).

Antes de que la pareja prometa amarse fielmente –«hasta que la muerte nos separe»–, debe quedar claro qué es lo propio del matrimonio. Aunque algunos se sorprendan, una de las propiedades del matrimonio es la sexualidad, es decir, el matrimonio no se lleva a cabo solo mediante una promesa, sino que también se realiza cuando el hombre y la mujer

Pregunta 424: ¿Qué es el adulterio? ¿Es lícito el divorcio?

 **Mt 19,6**

Pregunta 404: ¿Qué es el amor casto? ¿Por qué debe un cristiano vivir castamente?

se acuestan juntos y se convierten en «una carne» (Mt 19,5). ¡Y la gente piensa siempre que Dios no tiene nada que ver con la sexualidad!

Jesús no enfatiza la indisolubilidad del matrimonio como un mandamiento para atar a las personas, sino que más bien las libera para que el gran amor que

> **Un matrimonio roto es un mundo roto.**

Gertrud Fussenegger (1912-2009), escritora austriaca

sienten no dependa exclusivamente de ellas, sino también de él. Solo con Dios se verifica la frase del himno al amor: «El amor no acaba nunca» (1 Cor 13,8).

1 Cor 13,8

Y también hay otras *condiciones*: Los dos deben estar libres de vínculos cuando se presentan ante el altar; el compromiso debe ser total y público. Los dos deben dar el paso voluntariamente. Si uno de los dos contrae matrimonio por coacción, miedo o presión interna o externa, el matrimonio no es válido entonces. Uno no puede casarse «por papá» o «por mamá» o porque se quiere finalmente salir de casa. Tampoco debería casarse por la Iglesia quien piensa en secreto: «Bueno, ¡probemos! ¡Que dure lo que tenga que durar!». Tampoco se produce el consentimiento matrimonial cuando uno o ambos cónyuges no piensa en dejar definitivamente los amoríos extramatrimoniales. Y aún queda una última exigencia: los dos miembros de la pareja deben estar abiertos a tener hijos. Si uno piensa para sus adentros que no quiere tener hijos, entonces tampoco es válido el matrimonio.

Pregunta 417: ¿Qué sentido tiene el acto sexual en el matrimonio?

Pregunta 262: ¿Qué forma parte indispensable del sacramento matrimonial?

📖 Grábame como un sello sobre tu corazón, como un sello en tu brazo; porque el amor es más fuerte que la muerte, la pasión, más implacable que el abismo. Sus saetas son saetas de fuego, llamarada divina. **Cant 8,6**

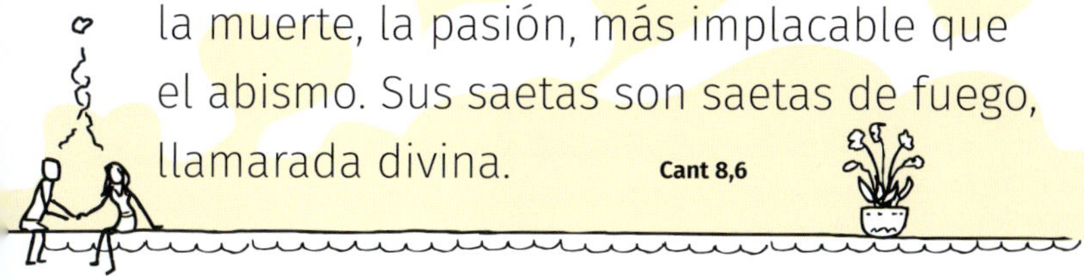

Toda la grandeza y la belleza del matrimonio cristiano solo se descubre cuando se entiende como parábola de la fidelidad y la entrega de Dios: «Ustedes, maridos, amen a sus esposas, como también Cristo ama a la Iglesia y por ella se entregó... Por eso, los maridos están obligados a amar tanto a sus esposas como a su propio cuerpo» (Ef 5,25.28a). 📖 **Ef 5,25**

¿Qué tienen que ver los mandamientos con el amor?

¿CÓMO ACTUAR BIEN Y CON AMOR,

y por qué se necesitan

unas medidas adicionales

para no dejarte engañar

por ti mismo?

Y **Pregunta 295:** ¿Qué
es la conciencia?

Y **Pregunta 298:** ¿Es
culpable ante Dios
alguien que actúa mal
con buena conciencia?

La conciencia es un asunto delicado. No pocos
pasan por la vida absolutamente «sin» recurrir a
ella, lo que llevó a Stanislaw Lec a acuñar su aforismo
más famoso: «Su conciencia era pura; nunca la usó».
Otros usan muy bien su conciencia, pero se remiten a
ella particularmente cuando están a punto de
cometer las acciones más viles. En nombre de la
conciencia personal se engaña, se miente, se traiciona
y se rompen matrimonios. No hay pecado que nadie
no haya cometido «con la conciencia tranquila», y
pasando por alto los mandamientos.

Y **Pregunta 291:** ¿Cómo
puede distinguir una
persona si sus actos son
buenos o son malos?

¿Cómo se relacionan el mandamiento y la conciencia?
Lo explicó Klaus Dick, obispo auxiliar emérito de
Colonia, con una historia excelente. Unos niños están
jugando al fútbol en el salón de la casa. Llega el padre

99 Las personas se comportan con la conciencia de
dos maneras. Para unos no es más que un sentido de la decencia,
un gusto que sugiere una u otra cosa. Para otros es el eco
de la voz de Dios. Todo depende de esa distinción.
El primer camino no es el de la fe, el segundo es el de la fe.

John Henry Newman (1801-1890)

y se horroriza: «¿Pero es que no saben ustedes que hay un antiguo jarrón chino muy valioso? Si lo rompen, mamá se quedará muy desconsolada. ¡Vayan afuera con el balón!». Los niños tienen ahora la posibilidad de elegir: o salir o seguir dando puntapiés al balón con el riesgo de provocar la catástrofe. Los niños conocen, por consiguiente, «el mandamiento». Su conciencia se agudiza, pues son conscientes de las terribles consecuencias de una decisión errónea. Y así es como debe suceder siempre cuando uno se remite a su conciencia. Hay que comprobar las acciones con los mandamientos. Y para poder hacerlo, deben conocerse los diez mandamientos (véase Ex 20,2-17 y Dt 5,6-21). Hay que saber que nunca es posible ni es una opción lícita la mentira, el orgullo, el robo, la envidia, el rencor, la difamación, el adulterio y el asesinato.

 Ex 20,2-17
Dt 5,6-21

Algunos establecen una contraposición entre Jesús, que ha traído el amor, y el Antiguo Testamento, que entienden como una terrible religión de la ley. Citan a san Agustín: «Ama y haz lo quieras», y usan la cita para ocultar sus inmoralidades sexuales. Pero no puede manipularse de este modo a Jesús ni a Agustín. Lo que dice Agustín es lo siguiente: Si conocieras el amor y vivieras en él, no necesitarías ningún mandamiento más, pues te comportarías perfectamente. Y en el caso de Jesús encontramos en el a menudo citado (pero raramente leído) sermón de la montaña la frase: «Y les aseguro que, mientras existan el cielo y la tierra, la ley no perderá ni un punto ni una coma de su valor. Todo se cumplirá cabalmente. Por eso, aquel que quebrante una de las disposiciones de la ley, aunque sea la menos importante, y enseñe a hacer lo mismo, será considerado el más pequeño en el reino de los cielos. En cambio, el que las cumpla y enseñe a otros a cumplirlas, ese será considerado grande en el reino de los cielos» (Mt 5,18-19). Jesús no solo inculca los mandamientos, sino que incluso los intensifica:

Pregunta 309: ¿Qué es la caridad?

Pregunta 349: ¿Cuáles son los diez mandamientos?

Pregunta 351: ¿No están anticuados los diez mandamientos?

 **Mt 5,18-19**

«Ya saben ustedes que se dijo a los antepasados: *No mates*; el que mate, será llevado a juicio. Pero yo les digo: el que se enemiste con su hermano, será llevado a juicio; el que lo insulte será llevado ante el Consejo Supremo, y el que lo injurie gravemente se hará merecedor del fuego de la gehena» (Mt 5,21-22).

Pero es el mismo Jesús el que sintetizó los mandamientos en el mandamiento del amor. En primer lugar, «Amarás a Dios con todo el corazón y toda el alma, con toda tu mente y con toda tu fuerza» (Mc 12,30).

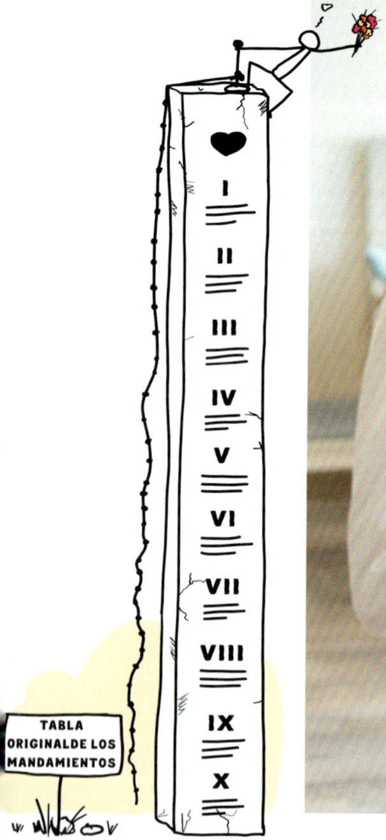

Mt 5,21-22

Pregunta 348:
«Maestro, ¿qué tengo que hacer de bueno para obtener la vida eterna?» (Mt 19,16).

Mc 12,30

TABLA ORIGINAL DE LOS MANDAMIENTOS

En segundo lugar, «Amarás a tu prójimo como a ti mismo. Ningún otro mandamiento es mayor que estos» (Mc 12,31). ¿Pero no había exhortado ya el Antiguo Testamento a amar a Dios y al prójimo? Ciertamente. ¿Qué novedad hay cuando Jesús dice: «Les doy un mandamiento nuevo: que se amen unos a otros»? (Jn 13,34). La novedad del mandamiento nuevo reside en que Jesús mismo se hace medida y comparación del amor: «Como yo los he amado, ámense así unos a otros» (Jn 13,34). ¿Y qué hizo Jesús en materia de amor para ser su medida? Morir por nosotros –dice Pablo– «cuando aún éramos enemigos de Dios» (Rom 5,10). En una palabra, lo nuevo en el mandamiento nuevo del amor es el *amor a los enemigos*: «Ustedes saben que se dijo: *Ama a tu prójimo* y odia a tu enemigo. Pero yo les digo: Amen a sus enemigos y oren por los que los persiguen» (Mt 5,43-44). Al estilo de Jesús. Este amor al enemigo es tan peculiar en la historia de la religión que el autor musulmán Navid Kermani dijo una vez que los cristianos tenían toda la razón para estar orgullosos de él y llevarlo como una diadema preciosa en la frente.

Con el amor al prójimo se refiere también Jesús al amor a uno mismo. También merece la pena insistir en este. Hay madres que nunca piensan en sí mismas, y acaban agotándose. Amarse a uno mismo es un mandamiento tan vinculante como amar al prójimo.

Mc 12,30-31

Pregunta 337: ¿Cómo somos salvados?

Jn 13,34

Pregunta 34: ¿Qué debe hacerse cuando se ha conocido a Dios?

Rom 5,10

Mt 5,43-44

Pregunta 387: ¿Cómo debemos tratar nuestro cuerpo?

> **"** Aun cuando nuestro corazón no tenga el amor, lo anhela, y así comienza el amor.

San Francisco de Sales (1567-1622)

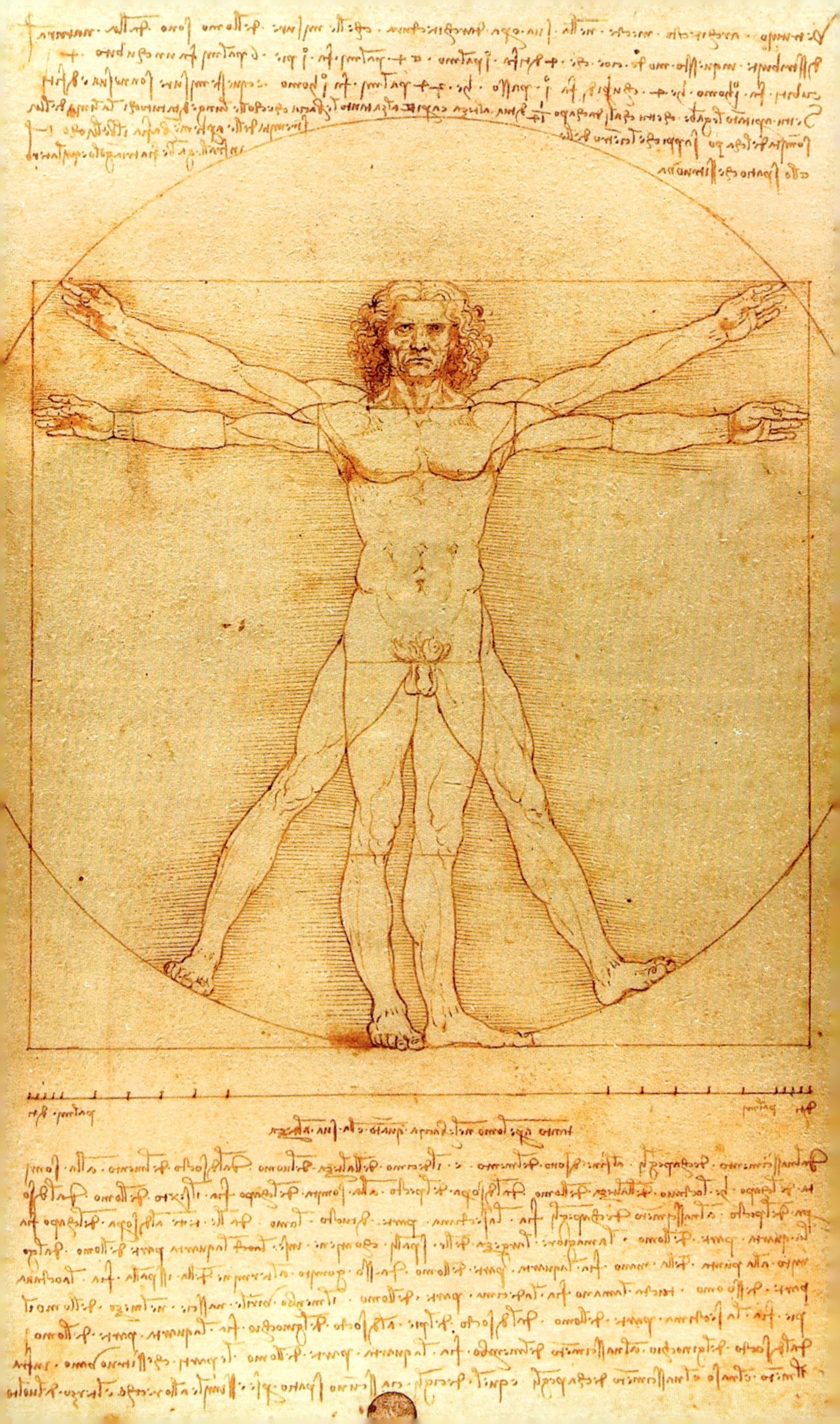

¿Qué hace humano al ser humano?

UN INCIDENTE

un tanto embarazoso

con un rey desnudo,

sobre la cuestión

de lo que vale una persona

y cómo poner el cuerpo,

la mente y el alma

en forma.

Pregunta 301: ¿Cómo se llega a ser prudente?

Pregunta 303: ¿Qué significa ser fuerte?

Érase una vez un rey vanidoso al que solo le preocupaba su vestuario. Un día, cayó en la trampa de dos estafadores que fingían poder tejer los paños más selectos. El nuevo traje del rey sería tan selecto que solo podrían verlo las personas inteligentes y dignas. Los dos tejían aparentemente y entregaron finalmente al rey el traje, que realmente no era ninguno. El rey se dio cuenta al mirarse en el espejo de que estaba desnudo, pero su vanidad no le permitía aceptar que era un necio. También los sirvientes y los ministros estaban entusiasmados. Se inclinaron con admiración. Salió a la calle y se repitió la misma reacción: nadie quería mostrar su punto débil; a todos les entusiasmaba el nuevo traje del rey. Solo un niño exclamó: «¡Pero si el rey está desnudo!».

Nadie quiere mostrar sus puntos débiles. Por eso nos rodeamos no solo de trajes, sino también de títulos,

méritos, diplomas, buenos salarios, coches de lujo y listas de amantes. Nos inventamos biografías brillantes que al final terminamos creyéndolas. Pero la belleza aparente tiene los días contados. Las crisis y las enfermedades, los fracasos culpables y la simple mala suerte acaban derrumbando la fachada. Cuando san Francisco iba a morir, dijo que se le dejara reposar desnudo en el suelo de la Porciúncula. ¿No había dicho el bíblico Job: «Desnudo salí del vientre de mi madre, y desnudo volveré a él» (Job 1,21)? ¿Y no fueron las últimas palabras de Lutero: «Mendigos somos, esta es la verdad»? Ciertamente lo es. A más tardar, cuando nos presentemos ante el Señor estaremos desnudos. Ya no contará lo que habíamos sido en el mundo, cuántas empresas fundamos y cuántas casas construimos. Más bien, se nos

Pregunta 300: ¿Por qué debemos cultivarnos?

Pregunta 163: ¿Qué es el Juicio final?

preguntará si nos hemos vestido «de sincera misericordia, de bondad, de humildad, de benevolencia y de paciencia» (Col 3,12). Se nos preguntará si hemos sido realmente «humanos».

 **Col 3,12**

99 La dignidad del ser humano es inviolable.

Constitución del Estado Libre Asociado de Puerto Rico

¿Pero qué hace realmente humano a un ser humano? De forma espontánea, todos tenemos un concepto muy alto del ser humano, pero estalla como una pompa de jabón en cuanto se produce un caso conflictivo. ¿Es un niño en el vientre de su madre *un ser humano*, un *ser medio humano* o *no es un ser humano*? Y la señora anciana y demente en un hogar de ancianos, ¿es aún un ser humano o un ser que solo vegeta sobre cuya eliminación deberíamos pensar? ¿Tiene más valor un miembro de una junta de una multinacional que un niño huérfano de Bombay? Con sabiduría, los cristianos no se involucran en estas discusiones. Para ellos el ser humano no tiene un valor mensurable o discutible, sino que posee una dignidad única e inviolable. Esta dignidad *no* se fundamenta en el ser humano mismo, sino en Dios, que lo crea, lo mantiene, lo salva y lo juzga. La dignidad de cada ser humano deriva de su relación con Dios. Dios lo ha mirado con amor y nunca

Pregunta 382: ¿Está permitida la eutanasia?

Pregunta 383: ¿Por qué no es aceptable el aborto en ninguna fase del desarrollo del embrión?

4.27: ¿Qué hay de malo en las pruebas prenatales?

> 99 Todo tiene un precio o una dignidad.
> Tienen precio aquellas cosas que pueden ser
> sustituidas por algo equivalente, en tanto que
> aquello que trasciende todo precio y no
> admite nada equivalente, eso tiene dignidad.

Immanuel Kant (1724-1804), filósofo alemán

 **Is 43,1**

 Sal 17

 Mt 25

apartará la vista de él: «Te he llamado por tu nombres; eres mío» (Is 43,1). En cierto sentido, pertenecemos a una familia real, somos intocables. Por eso, porque son las «niñas de los ojos» de Dios (Sal 17,8), los seres humanos no pueden clasificarse ni ser utilizados. Y puesto que los pobres son siempre las primeras víctimas, cuenta Mateo la parábola más impresionante de toda la Sagrada Escritura; podríamos llamarla *La parábola de la solidaridad de Dios*. En el capítulo 25 se menciona a todos, los hambrientos, los sedientos, los extranjeros, los desnudos, los enfermos, los encarcelados. La clave se encuentra en el v. 40: «Lo que ustedes hicieron con uno de estos mis hermanos más pequeños, me lo hicieron a mí». ¡A mí! Jesús mismo se hace el más pobre. En los pobres LO tocamos.

Y Pregunta 284: ¿Por qué son tan importantes las bienaventuranzas?

Esto es inconcebible, tan inconcebible como las bienaventuranzas, que constituyen el centro del sermón de la montaña. En ellas no se canta la gloria de los que tienen éxito, de los ricos, de las estrellas, de los VIP, de los que se imponen y de los que son líderes. En el reino de Dios son bienaventurados los *otros*, los pobres, los

que lloran, los mansos, los que pasan hambre, los perseguidos, y todos los que se ponen de su parte: los que luchan por la justicia, los misericordiosos, las personas con corazón puro, los hacedores de la paz. Uno se hace humano en el mundo mediante la «misericordia». San Juan Pablo II lo recordó, y el papa Francisco ha insistido en ello. Pero ya el santo de Asís vislumbró la esencia de lo cristiano: «En esto quiero saber si tú amas al Señor y a mí, siervo suyo y tuyo, si haces esto, o sea que no haya ningún hermano en el mundo que, habiendo pecado todo lo que se puede pecar, y después de haber visto tus ojos, no se vaya nunca sin tu misericordia, si pidió misericordia».

Pregunta 89: ¿A quién promete Jesús el «reino de Dios»?

Pregunta 329: ¿Cómo se construye la justicia social en una sociedad?

" El ser humano están vinculado con todos los seres vivos por su origen terrenal, pero solo es humano gracias al alma «infundida» por Dios. Esto le confiere su dignidad distintiva, pero también su responsabilidad única.

Cardenal Christoph Schönborn

¿Qué me libera
y qué me esclaviza?

VOLAR, MONTAR EN AVIÓN

y en otros medios rápidos de locomoción

te dan la sensación de libertad.

Tratamos aquí

el sentido de la libertad

y por qué puede ser

contrario a la libertad

usar todas las libertades posibles.

«Sobre las nubes», cantaba el cantautor **Reinhard Mey**, «debe ser ilimitada la libertad». La canción trata de alguien que mira desde el hangar despegar hacia el cielo un avión: le asalta el anhelo y la nostalgia de un lugar donde exista esta libertad, en la que «todos los temores, todas la preocupaciones» queden atrás o disminuyan. Reinhard Mey ha vivido intensamente este sueño de la humanidad. A partir de 1972, adquirió progresivamente las licencias para pilotar aviones de un motor y de dos motores, biplanos y helicópteros, para hacer acrobacias aéreas, vuelos instrumentales, y las licencias para navegar y conducir motocicletas. La biografía de Reinhard Mey se lee como una única secuencia de momentos de libertad. Mey no solo usó su libertad para crear nuevas experiencias individuales de libertad; también la usó para implicarse socialmente de una manera impresionante.

Pregunta 286: ¿Qué es la libertad y para qué sirve?

Pregunta 289: ¿Hay que dejar al ser humano actuar según su libre albedrío, aunque se decida por el mal?

4.2: ¿Qué debo hacer con mi vida?

¿Qué es la libertad? La libertad –y el deseo de libertad– es algo profundamente humano. Dios nos ha hecho para que tengamos un gusto por la libertad, para que pensemos, elijamos y establezcamos libremente algo. En la libertad, el ser humano se siente orgulloso, digno, bello. La libertad significa: actuar plenamente por uno mismo, crear un trozo de mundo como nos gusta, no ser determinado por los demás. Se trata de una dimensión importante, también en la Iglesia. Por mucho que a los padres les guste que sus hijos crean, es un error persuadir a los niños para que crean o presionarlos. Dios quiere el sí libre del ser humano. Dondequiera que una persona no actúe completamente por sí misma, donde sea forzada o presionada, no es totalmente humana.

¿Hasta qué punto es libre el ser humano? La primera respuesta es: toda persona es libre de hacer y dejar de hacer lo que quiera, aunque objetivamente esté mal. Esta libertad pertenece a su propia dignidad, aun cuando los ideólogos, recurriendo a las palancas del poder, intentan una y otra vez restringir los derechos de las personas a su libertad (de religión, de opinión, de profesión, de reunión, de asociación, etc.), porque creen saber mejor lo que es bueno para ellas.

Pregunta 354: ¿Se puede obligar a creer en Dios?

❞ Los mandamientos no son imposiciones arbitrarias... Protegen a los seres humanos del poder destructivo del egoísmo, del odio y de la mentira. Les descubre todos los falsos dioses que los esclavizan: el amor propio, el ansia de poder y la búsqueda de placer que excluyen a Dios, que destruyen el orden justo y humillan nuestra dignidad humana y la de nuestro prójimo.

San Juan Pablo II (1920-2005)

El elogio a la libertad, sin embargo, no debe pasar por alto que la opción del ser humano, que puede elegir el mal, perjudicándose a sí mismo y a otros, puede llevarle directamente a la «autopista hacia el infierno». Fue el satanista Aleister Crowley el que acuñó el siguiente lema de la libertad: «¡Haz lo que te dé la gana! Esta es toda la ley». La idea de libertad que incluye la destrucción propia y ajena (por ejemplo, el aborto, el suicidio y la eutanasia) es un concepto que se basa en un cambio blasfemo entre el ser humano y Dios: *Yo* soy el Señor, *yo* soy la ley. En todo el universo no hay nadie a quien le interese realmente lo que me

Pregunta 287: ¿No consiste precisamente la «libertad» en poder decidirse también por el mal?

Pregunta 49: ¿Dirige Dios el mundo y mi vida?

sucede. Y tampoco hay nadie a quien le interese si hago al otro víctima de mi libertad.

El Dios verdadero da, ciertamente, una libertad plena. Pero ha incorporado en esta libertad una orientación, un impulso interior hacia el bien. Yo soy plenamente libre, pero el sentido de mi libertad es el bien. El ser humano es libre para hacer el bien por propia y libre elección. Así, los seres humanos experimentan una paz natural cuando hacen un bien, mientras que enrojecen de vergüenza cuando son sorprendidos haciendo un mal. El hecho de que exista esta diferencia es un indicio de que el bien procede del bien, es decir, que el fundamento primero y último de la realidad, Dios, es bueno. Si Dios es bueno, entonces el bien es bueno y el mal es simplemente mal. La voluntad de Dios en un mundo con sentido es que hagamos el bien. Dice al respecto C. S. Lewis: «Cuando queremos ser algo diferente a aquello que Dios quiere de nosotros, estamos deseando algo que, de hecho, no nos hará felices».

Y Pregunta 281: ¿Por qué anhelamos la felicidad?

Y Pregunta 59: ¿Para qué ha creado Dios al ser humano?

Y Pregunta 340: ¿Cómo se relaciona la gracia de Dios con nuestra libertad?

Por cierto, Reinhard Mey experimentó en carne propia los límites de la libertad. Dos de sus instructores de vuelo se estrellaron y murieron. Un hijo suyo murió después de estar cinco años en coma, lo que, en palabras de Mey, «sacude a la familia en sus cimientos y pone la vida patas arriba de un día para otro». Mey había pasado innumerables noches junto a la cama de su hijo, cantándole canciones, contándole historias. ¿Le cantaría «Sobre las nubes»? Probablemente, debemos hablar del sueño humano de libertad contando con la realidad de que la libertad plena solo existe allí donde «todos los temores y todas las preocupaciones» se desvanecen, porque existe alguien del que se dice: «Él enjugará las lágrimas de sus ojos, y ya no habrá muerte, ni luto, ni llanto, ni dolor» (Ap 21,4). Hasta entonces solo debemos hacer el bien, aun cuando sea agotador.

 Ap 21,4

99 A nadie imponemos nuestra fe. Esta forma de proselitismo le repugna al cristiano. La fe solo puede surgir en libertad. Pero la libertad del ser humano, a la que estamos llamados, es abrirse a Dios, buscarlo, prestarle atención.

Papa Benedicto XVI

UNIDAD 19
CURSO ACTUAL SOBRE LA FE

¿Qué significa «Santificarás el domingo»?

Veamos algunas buenas razones
para no hacer nada.
Dios aprecia nuestro trabajo,
pero este no es lo más grande
en nuestra vida.
Dios mismo descansó el séptimo día
y quiere que nuestra semana
desemboque en una fiesta
llena de alegría.

Las madres lo saben bien: «¿Qué has hecho con las sábanas de mi equipo de fútbol preferido?». «Pero..., si estaban totalmente rotas». Drama. Protesta. Llantos. La mamá ha profanado un santuario. También los adultos pueden hacer «santas» las cosas más banales: un antigua pipa, una colección de vinilos rayados, etc. En cada caso, no se trata del valor material de unas cosas. La sábana, la pipa del padre difunto, el disco de Bob Dylan, remiten a algo más grande, un símbolo que da la sensación de pertenencia. El domingo está muriendo. Y pocos derraman una lágrima por este símbolo.

Pregunta 187: ¿Cuál es la importancia del domingo?

99 Podemos ver en la historia del siglo pasado que en aquellos estados donde →

La exigencia de «santificar» el domingo no es un consejo para disfrutar del tiempo libre, sino un mandato divino, el tercero de la lista de los diez mandamientos. En todo el Antiguo Testamento no encontramos una escena tan intensamente dramática como aquella en la que Moisés recibe de Dios los «diez mandamientos» y desciende con la ley hacia la gente: «El pueblo entero fue testigo de los truenos y relámpagos, del estruendo como de trompeta y del monte envuelto en humo» (Ex 20,18). ¿Por qué hace Dios tanto hincapié en la planificación del tiempo libre?

Al comienzo de la Biblia encontramos a un Dios que deja claro para todas las épocas que el trabajo no lo es todo ni es lo más sublime. En el libro del Génesis, el creador mismo se permite una especie de descanso placentero: «Y bendijo Dios el día séptimo y lo santificó; pues en él descansó Dios de todo el trabajo de la creación» (Gn 2,3). El pueblo de Israel hacía lo mismo que Dios: descansaba. Israel pensaba en la esclavitud sufrida en Egipto y amplió el sagrado descanso incluso a los esclavos, el ganado, los asnos y los extranjeros de sus ciudades (Dt 5,14).

Pregunta 47: ¿Por qué descansó Dios el séptimo día?

→ se abolió a Dios no solo se arruinó la economía, sino también, y sobre todo, las almas. **Papa Benedicto XVI**

Para Israel el *sabbat* era importante porque Dios era sumamente importante: la causa de todo, la condición de la vida, el libertador, el redentor. Esto no podía olvidarse y convertirse en algo más de la vida cotidiana. Dios tenía que ser recordado mediante un gran signo. La fiesta del *sabbat* invocaba cada semana la presencia de Dios, la hacía palpable, la llenaba de una esperanza inaudita. «Si Israel cumpliera realmente el *sabbat* una sola vez», dice el Talmud, «vendría el Mesías, pues cumplir el *sabbat* es cumplir todos los mandamientos».

Pregunta 362: ¿Por qué se celebra el sábado en Israel?

> Este es el día en que actuó el señor;
> sea nuestra alegría y nuestro gozo.
> Den gracias al señor porque es bueno,
> porque es eterna su misericordia.
> ¡Aleluya, aleluya!

Pregunta 363: ¿Cómo trata Jesús el sábado?

Pregunta 364: ¿Por qué los cristianos sustituyeron el sábado por el domingo?

Aquí encontramos el punto en el que se separan el Antiguo y el Nuevo Testamento, Israel y el cristianismo, el *sabbat* y el domingo. Los judíos esperan aún al Mesías; los cristianos creen que ya ha llegado. Designan a Jesús de Nazaret el «Cristo», el Mesías. Su día ya no es el *sabbat* del anhelo y la esperanza. Su día es el «octavo», el día pascual, el domingo, el día en el que Cristo resucita de entre los muertos, y libera y salva definitivamente al mundo dominado por el pecado y la muerte. Mientras que los cristianos judíos mantuvieron inicialmente el *sabbat*, los cristianos paganos comenzaron pronto a celebrar el «día del Señor», que seguía al sábado. Cada domingo debería ser un reflejo de la fiesta de la Pascua, una Pascua continua, como si el júbilo estallara en un día e irradiara todo el tiempo.

Actualmente, para muchas personas no hay diferencia entre día laboral y domingo. Las grandes maquinarias deben seguir funcionando. La sociedad de servicios exige que se presten servicios los fines de semana.

Las tiendas necesitan que se compre. Cada uno pasa el tiempo según encaje en su calendario. El tiempo no tiene ya una estructura. No hay diferencia entre días festivos y laborables. La fiesta se hace cuando lo quiere la tienda de muebles. Todo funciona a la vez y huele a cerveza y a carne a la parrilla. Podría pensarse que la gente tendría que ser feliz ante la nueva flexibilidad. Pero se quejan de la monotonía gris de los días.

Pregunta 184: ¿Cómo marca la liturgia el tiempo?

> **Sin la eucaristía dominical no podemos vivir. ¿No sabes que el cristiano existe para la eucaristía y la eucaristía para el cristiano?**

Respuesta del mártir **Saturnino** (305) en el interrogatorio por haber sido acusado de participar en la reunión dominical, que estaba prohibida.

¿Podemos recuperar el domingo? Pienso que no lo harán ciertamente los sindicatos, sino las personas que regresen a las raíces religiosas del domingo. El domingo no es santo porque sea filantrópico dejar de lado después de seis días de trabajo el martillo o el teclado, y destronar así el trabajo. El domingo tiene su centro en Dios. Debe ser una fiesta con todo lo que conlleva: el esfuerzo por la belleza, la dedicación de tiempo para compartir, para el amor y para Dios, con flores, cantos festivos, vestidos de fiesta, rituales, con tranquilidad y respirando en el hermoso mundo de Dios.

Pregunta 365: ¿Cómo hacen los cristianos del domingo el «día del Señor»?

Y si tomamos conciencia de la importancia del domingo, de su valor simbólico, habrá drama, protesta y llantos; y solo entonces podremos recuperar el domingo «sagrado», la fiesta de los redimidos…

¿Qué significa «No darás falso testimonio»?

CHISMES Y COTILLEOS,

Fake news,

Alicia en el país de las maravillas,

un juez nazi mentiroso,

frente a una joven increíblemente valiente

y sus amigos

para quienes decir la verdad

era más importante que sus vidas.

4.47: ¿Cómo utilizar las redes sociales de forma correcta?

Pregunta 452: ¿Qué nos exige el octavo mandamiento?

Pregunta 456: ¿Qué hay que hacer cuando se ha mentido, engañado o traicionado?

No podemos pensar en el octavo mandamiento, «No darás falso testimonio», sin toparnos con los «hechos alternativos» y la «exageración verídica» de las *fake news*.

Pero propagaríamos *fake news* si dijéramos que ambas frases proceden de Donald Trump. Fue su portavoz Kellyanne Conway la que, para defender al presidente, descubierto en la mentira, habló de «hechos alternativos». Tampoco Trump es el autor de la frase «exageración verídica» que encontramos descrita en su éxito de ventas *The Art of the Deal* [El arte de la negociación] como «exageración inocente» y una «muy eficaz forma de marketing». En realidad, el libro lo escribió por encargo Tony Schwartz, que ahora se arrepiente ante la opinión pública y expresa la sospecha de que Trump no solo no ha escrito un libro nunca, sino que tampoco ha leído uno de principio a fin. El presidente solo se interesa en sí mismo.

Durante mucho tiempo se ha dado la tendencia a tratar «creativamente» la verdad. En *Alicia en el país de las maravillas*, de Lewis Carrol, está el pintoresco

99 Hay que decir la verdad al otro como un abrigo que pueda ponerse, no como un trapo húmedo para golpearle la cabeza.

Max Frisch (1911-1991)

filósofo Humpty, que resume la cuestión así: «Cuando yo uso una palabra, esta quiere decir lo que yo quiero que diga, ni más ni menos». «La cuestión –insistió Alicia– es si se puede hacer que las palabras signifiquen tantas cosas diferentes». «La cuestión –zanjó Humpty Dumpty– es saber quién es el que manda… ¡Y punto!». En la filosofía clásica se define la verdad como *adaequatio intellectus et rei* –la verdad es la conformidad de la cosa con la razón–. Todo el mundo sabe que eso es correcto. Hay que decir qué es la cosa. De lo contrario, se miente. Pero el ser humano es pecador, y ya desde pequeño sabe que cuanto más tiempo y más alto grite, recibirá atención y será recompensado. Y así –si el octavo de los diez mandamientos no se interpone entre nosotros– surge un manejo de la verdad guiado por el interés.

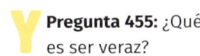

Pregunta 455: ¿Qué es ser veraz?

El juez nazi Freisler sabía exactamente que los estudiantes de la «Rosa Blanca», que estaban ante él, decían la verdad. Usó los «hechos alternativos» para

acabar con ellos, que se interponían en el camino del poder. El poder creó su verdad. La joven de 22 años Sophie Scholl sabía que podía salvarse mintiendo, pero le dijo al furibundo esbirro nazi a la cara: «Pronto estará aquí, donde estamos ahora nosotros». El mismo día, el 22 de febrero de 1943, fue condenada a muerte y decapitada con una guillotina. Sophie Scholl era cristiana; le encantaba una cita del filósofo Jaques Maritain: «Hay que tener un espíritu duro y un corazón blando». Efectivamente, es necesario, porque la conexión entre verdad y veracidad no es negociable en el horizonte de Dios. Los engaños no están permitidos. Hay que dar testimonio de la verdad, y en caso necesario hasta el martirio. En ninguna parte brilla más la historia de los seguidores de Cristo que en la larga hilera de los mártires, que no cedieron ante el poder, que prefirieron dar su vida que servir a la mentira y la traición.

Y Pregunta 454: ¿Hasta qué punto obliga la verdad de la fe?

Podríamos haber imaginado que la Segunda Guerra Mundial, con sus millones de muertos, había significado una cesura en la cultura de la mentira. Pero ya en 1949, George Orwell tenía buenas razones para escribir un libro profético sobre la mentira y el poder; me refiero a la novela *1984*. En ella ya preveía entonces lo que nos llegaría con la corrección política. Concibe un Estado totalitario en el que las palabras son prohibidas o son definidas de forma diferente; lo llama la «neolengua». El ministerio de los delatores es llamado «ministerio del amor»; los campos de concentración pasan a llamarse «campos de placer»; el que piensa es considerado un «criminal del pensamiento». ¿Estamos tan lejos de este mundo ficticio? En cuanto a la redefinición de

Ustedes conocerán la verdad y la verdad los hará libres.

Jn 8,32

las palabras tenemos ya abundante experiencia, desde que al niño en el seno materno se le llama «grupo de células» y lo que es claramente un aborto se denomina «interrupción del embarazo», como si después de la muerte del bebé se pudiera continuar de alguna manera el embarazo. La neolengua está lejos de ser desenmascarada. Cuando escucho la frase «los derechos reproductivos de las mujeres», me pitan los oídos. ¿Qué se oculta detrás de esta bella palabra? Por lo general, el grupo de presión de los partidarios del aborto. El «crimen de odio» es también al menos un concepto elástico. Ciertas cosas que desagradan a una comunidad nebulosa de pensadores de la corrección ya no se pueden decir en voz alta en Facebook o eres desconectado. El «octavo mandamiento» es más actual que nunca: para gente valiente y recta.

Pregunta 453: ¿Qué tiene que ver Dios con nuestra relación con la verdad?

> Oh Dios, qué glorioso: ¡Una sola persona o dos que dicen la verdad pueden hacer más que muchas otras juntas! A través de ellas, los ciegos vuelven a descubrir poco a poco el camino, y Dios les da alegría y valor.

Santa Teresa de Jesús (1515-1582)

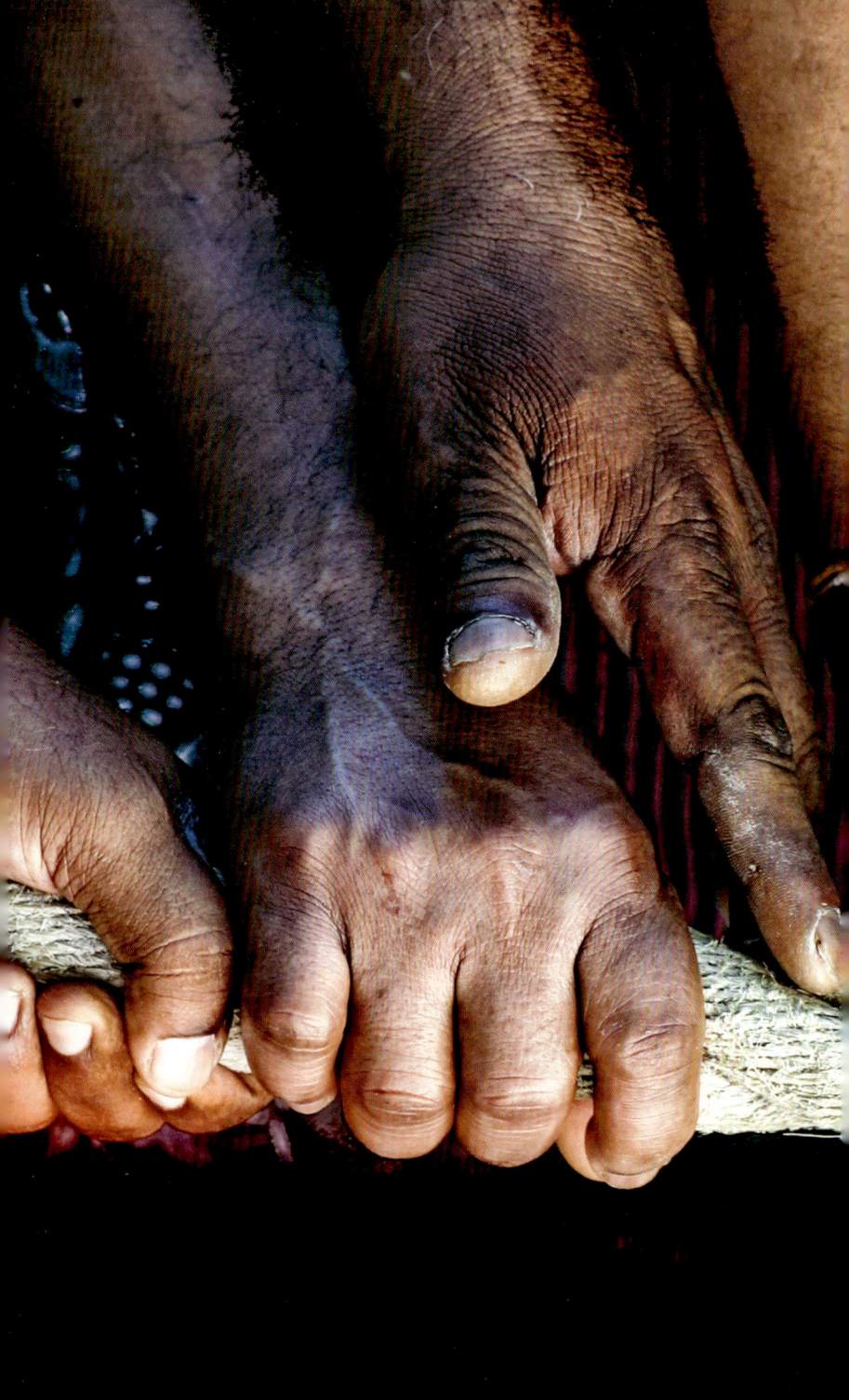

¿Cómo actuar de manera socialmente responsable?

ES TOTALMENTE IMPOSIBLE

considerar el cristianismo como algo privado.

Un cristiano que así piense

no es cristiano;

y quien no tenga en mente

la felicidad de todos los hombres,

mejor que no invoque el Evangelio.

Un antiguo nombre de la Iglesia es «madre». El famoso teólogo Henri de Lubac decía: «La Iglesia es madre porque me ha dado la vida. Porque me mantiene constantemente vivo... y me introduce cada vez más profundamente en esta vida».

La maternidad de la Iglesia se expresa inmediatamente en su DOCTRINA SOCIAL. Pues ¿en qué consiste ser una madre buena? En preocuparse totalmente por sus hijos. Si la Iglesia se dedicara solamente a propagar buenas enseñanzas, a celebrar hermosas liturgias y a salvar el alma de sus hijos, no sería Iglesia ni madre. La Iglesia debe estar interesada en el desarrollo completo de los seres humanos: que tengan comida y agua salubre, casas y trabajo, que puedan vivir seguros, que haya justicia y que no se desgarren en conflictos.

La historia de la Iglesia no es exclusivamente gloriosa: los discípulos dormían cuando Jesús agonizaba espiritualmente en Getsemaní. Muchos cristianos dormían cuando se perseguía a las brujas, cuando se traficaba con los esclavos, cuando a los indios se les

DOCTRINA SOCIAL ➡

Pregunta 438: ¿Por qué tiene la Iglesia una Doctrina Social propia?

Pregunta 449: ¿Qué importancia tienen los pobres para los cristianos?

Pregunta 427: ¿Por qué no hay un derecho absoluto a la propiedad privada?

expulsaba de su patria, cuando los judíos eran sacados de sus casas, cuando se deforestaba el bosque tropical, cuando se construían las centrales nucleares, cuando el aborto se convirtió en un forma de controlar la natalidad. La doctrina social podría haberse escrito en muchos lugares. Pero tiene su origen en la Europa del siglo XIX, durante la Revolución industrial. También en este caso la Iglesia despertó tarde. Los niños trabajaban en las minas y los trabajadores morían de hambre. Como los cristianos estaban dormidos, los marxistas hicieron su trabajo.

Pregunta 439: ¿Cómo surgió la Doctrina Social de la Iglesia?

Los cristianos reaccionaron tarde. Redescubrieron el núcleo social del evangelio de Mateo, concretamente de las afirmaciones revolucionarias de Mt 25, en las que Jesús se identifica con los problemas sociales: «Porque estuve hambriento, y ustedes no me dieron de comer; estuve sediento, y ustedes no me dieron de beber; llegué como un extraño, y no me recibieron en su casa; me vieron sin ropa y no me la dieron; estuve enfermo y en la cárcel, y no me visitaron... Les aseguro que cuanto ustedes no hicieron en favor de estos más pequeños, tampoco conmigo lo hicieron».

 Mt 25

Pregunta 465: ¿Qué actitud debe adoptar un cristiano ante la propiedad ajena?

Pregunta 89: ¿A quién promete Jesús el «reino de Dios»?

A partir de esta semilla se desplegó la Doctrina Social. El papa León XIII la retomó y escribió en su encíclica *Rerum novarum* una frase muy dura que por entonces era totalmente inhabitual en un

99 Un cristiano que no sea revolucionario en este tiempo, no es cristiano.

Papa Francisco en el prólogo al DOCAT

documento pontificio: «Negar al obrero el salario que le corresponde es un pecado que clama al cielo».

Pregunta 444: ¿Qué dice la Doctrina Social sobre el trabajo y el desempleo?

Pero ¿en qué consiste esencialmente esta Doctrina Social? Esta consta de cuatro principios: el PRINCIPIO

Los principios:
Persona
Solidaridad
Subsidiariedad
Bien común ➡

Pregunta 323: ¿Cómo puede el individuo integrarse en la sociedad de manera que pueda desarrollarse también libremente?

DE LA PERSONA, el PRINCIPIO DE SOLIDARIDAD, el PRINCIPIO DE SUBSIDIARIEDAD y el PRINCIPIO DEL BIEN COMÚN. ¿Qué se quiere decir con todo esto?

El **principio de la persona** significa que «el principio capital, sin duda alguna, de esta doctrina afirma que el ser humano es necesariamente fundamento, causa y fin de todas las instituciones sociales» (*Mater et magistra* 219). Es decir, el ser humano, en su dignidad y libertad, está bajo la protección de Dios y, por tanto, por encima de todo; nunca puede ser «usado» como carne de cañón o para cualquier otro fin.

Con el **principio de solidaridad** se entiende que todos deben echarse una mano entre sí. Solo así puede surgir un orden justo, que garantice a cada ser humano la satisfacción de sus necesidades fundamentales. Cuando el individuo no sea capaz de satisfacer sus necesidades elementales, la sociedad debe ayudarlo.

Por el **principio de subsidiariedad** se entiende que las tareas que pueden ser asumidas por unidades menores deben serles confiadas a ellas. La tarea de la familia es la educación de sus hijos; los órganos estatales deben intervenir subsidiariamente (= ayudar) solo cuando la tarea sea abrumadora para la familia.

El **principio del bien común** establece que la autoridad del Estado debe orientarse hacia el bien común de todos, especialmente de los más débiles, para que la sociedad no se convierta en el campo de juego de los intereses colectivos o individuales.

Además de desarrollar estos cuatro principios, la Doctrina Social se ocupa intensamente de los temas de la justicia, la paz y el desarrollo ecológico sostenible.

> 99 Al intervenir directamente y quitar responsabilidad a la sociedad, el Estado asistencial provoca la pérdida de energías humanas y el aumento exagerado de los aparatos públicos, dominados por lógicas burocráticas más que por la preocupación de servir a los usuarios, con enorme crecimiento de los gastos.
>
> **San Juan Pablo II** (1920-2005), *Centessimus annus* 48e

Alguien ha dicho que la Doctrina Social es el gran «tesoro sin explotar de la Iglesia». Debido a que es universal y no puede ser apropiada por ningún poder, nación, grupo o corporación, tiene una fuerza enorme. Posiblemente una fuerza que cambia el mundo.

Pregunta 328: ¿Qué puede aportar el individuo al bien común?

UNIDAD

22

CURSO ACTUAL SOBRE LA FE

¿Qué es orar?

¿Llegan al cielo nuestros gritos,

nuestras palabras,

nuestras canciones?

¿Nos escucha Él?

¿O simplemente parloteamos

mirando al cielo,

y nuestras lágrimas y alegrías

no tienen eco

en un universo sordo?

Y Pregunta 470:
¿Cómo llega el ser humano a orar?

Y Pregunta 468:
¿Qué es lo que el ser humano debería desear por encima de todo?

Ser cristiano significa orar. Es algo que se oye siempre. Todavía recuerdo cuando tenía unos veinte años. De alguna manera trataba de ser cristiano, pero no puedo decir que orara de verdad. Un día me encontré en un banco. Me arrodillé, adoptando así una posición adecuada. Pero estaba como centrado en mí, observándome. No dejaba de dar vueltas a mis pensamientos. Sencillamente, no salía de mí mismo. Afortunadamente, pude tener más tarde la maravillosa experiencia de que es posible tocar otra realidad, bueno, más bien, ser tocado por ella. A este horizonte mayor de la realidad yo lo llamo la presencia de Dios.

Tuve una experiencia de oración particularmente profunda en Taizé. Si no has oído hablar del pueblo de Taizé, en la Borgoña francesa, debes saber que hay una acogedora comunidad de monjes que recibe a miles de jóvenes año tras año durante los meses de verano. Vienen de toda Europa, a menudo incluso de África, América y Asia. Vienen porque, en Taizé, la realidad de Dios puede ser alcanzada con las manos. Y esta es ya la primera experiencia que tienes en Taizé: que hay otros que son impulsados por el mismo anhelo de Dios que yo. Así que no estoy solo en el mundo con el deseo más íntimo de mi corazón. El gran Agustín (354-430) tenía razón cuando dijo: «Grande eres, Señor, y muy digno de alabanza... Con todo, quiere alabarte el hombre, pequeña parte de tu creación. Tú mismo le animas a ello, haciendo que se deleite en alabarte, porque nos has hecho para ti y nuestro corazón está inquieto hasta que descanse en ti».

> Orar no es otra cosa, a mi parecer, sino tratar de amistad, estando muchas veces tratando a solas con quien sabemos nos ama.

Santa Teresa de Jesús (1515-1582)

En Taizé nada es perfecto. Se duerme en tiendas de campaña o en simples barracones. Tres veces al día tocan las campanas. Desde todos los rincones acude la gente. La iglesia es ella también una gran «tienda de campaña» que según la necesidad se amplía o se reduce. Antes de entrar a la iglesia te encuentras con voluntarios jóvenes que llevan un cartel en el que se lee en diferentes idiomas una sola palabra: *Stille, Silte, Silence, Silenzio, Silencio*. Esta es la primera regla esencial de la oración: sin silencio no funciona. Debemos apagar todas las fuentes de ruido, debemos también estar interiormente tranquilos y dedicar tiempo para algo que pueda suceder en el silencio. Una particularidad de esta iglesia es que no tiene bancos, sino alfombras, y está envuelta en una

Pregunta 469: ¿Qué es la oración?

Pregunta 503: ¿Qué es la oración de contemplación?

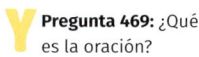 **3.7:** ¿De dónde saco tiempo para rezar? ¿Dónde está Dios en la vida diaria?

> 💛 Orar no es escucharse hablar a uno mismo, orar es hacer silencio, permanecer en silencio y esperar hasta que el orante oye a Dios.

Søren Kierkegaard (1813-1855)

atmósfera de luz y silencio. Cada uno se sienta en el suelo y ve cómo llegan también los monjes y se sientan en el centro del lugar en silencio y esperando a Dios. De vez en cuando, alguien entona un canto sencillo: *Veni, Sancte Spiritus...*, Ven, Espíritu Santo. Este canto se repite sin cesar. Esta plegaria penetra cada vez más profundamente en el alma. Después se hace silencio. A continuación, se proclama la palabra de Dios, que cae como una preciosa gota en la superficie lisa de mi alma y dibuja círculos allí. De nuevo, silencio. Se hace tangible la presencia de Dios. Al salir de la iglesia habría podido dar gritos de alegría: ¡Guau! ¡Habría orado de verdad! Y así es como funciona –y no debes hacer mucho más–. Dios está ahí. Y...

Pero Taizé me ha dado mucho más. Nos sentamos en grupo personas que nunca nos habíamos visto antes, y lo primero que tuvimos que hacer es ponernos de acuerdo en usar un mismo idioma. Leímos conjuntamente la Sagrada Escritura e intercambiamos nuestras reflexiones. Luego, oramos. De forma libre, como salía de nuestro corazón. Y se produjo otro momento «¡Guau!». Nos sentíamos como en la primitiva comunidad de los primeros cristianos: «El grupo de los creyentes estaba totalmente compenetrado en un mismo sentir y pensar» (Hch 4,32).

Pregunta 482: ¿Qué importancia tenía la oración entre los primeros cristianos?

 Hch 4,32

> Orar es pensar con amor en Jesús. Orar es centrar el alma en Jesús. Cuanto más se ama a Jesús, mejor se ora.

Beato Carlos de Foucauld (1858-1916)

Hoy ya no puedo imaginar una vida sin oración. Una y otra vez me inspiro en las Sagradas Escrituras o leo algunas palabras que escribí porque me pusieron en camino. La primera de estas palabras procede de santa Teresita de Lisieux: «Para mí la oración es una elevación del corazón, una simple mirada al cielo, una exclamación de gratitud y de amor en medio de la prueba y de la alegría». Esto me pone en marcha si caigo y me deprimo de nuevo. ¡Levantemos el corazón! ¡Miremos hacia arriba!

Pregunta 491: ¿Se puede aprender a orar con la Biblia?

Pregunta 497: ¿Por qué ayuda guiarse por los santos en la oración?

¿Cómo se aprende a orar?

Es tranquilizador saber que,

salvo una expectativa intensa,

no hay que tener nada

para avanzar hacia Dios.

Lo que ÉL quiere es confianza,

cercanía, amor, relación...

¿Cómo se aprende a bailar el tango? Pues dando los pasos pertinentes con un bailarín experimentado. ¿Cómo se aprende a conducir? Pues confiando en un buen instructor y haciendo ejercicios de aparcamiento. ¿Cómo se aprende a orar? Algunos opinan que de forma autodidacta. Existe un famoso dicho: «La necesidad enseña a orar». Alguien que pasó noches en los refugios antiaéreos durante la Segunda Guerra Mundial me confirmó una vez: «Créeme, no había una sola persona allí que no rezara». Pero evidentemente la lección no duró mucho. Después de la guerra llegó el milagro económico, y muchos de los que habían sobrevivido parecieron olvidarse rápidamente de que habían pedido a Dios de rodillas que los salvara en aquella situación de extrema necesidad. En todo caso, también podría haber sido una «casualidad» que las bombas destruyeran las casas vecinas y nos las suyas.

Y **Pregunta 486:** ¿Por qué debemos pedir a Dios?

Cuando se aprende de forma autodidacta, uno se habitúa a cometer errores. Se podría confundir a Dios, por ejemplo, con un botón de emergencia: ¡Rompa el cristal en caso de necesidad! Se querría tener tanta relación con Dios como con las salas de urgencia de un hospital. Es excelente que existan, pero mejor que no se necesiten. Lo mejor es pasar por la vida sin Dios. ¿De verdad? Cuando se amplía el cuadro de la existencia se ve lo sesgado de esta forma de pensar. La Madre Teresa recordaba siempre a sus hermanas que Dios solo espera de nosotros nuestro amor: «No es solo que los ama, sino más aún, que los anhela ardientemente. Ustedes lo sienten, aunque no se acerquen a él. Los ama constantemente, aun cuando ustedes no se sientan dignas de él. Si ustedes no son aceptadas por

Botón de emergencia
DIOS
Pulsar solo en caso de necesidad extrema

los demás o a veces no pueden aceptarse a ustedes mismas, él es siempre aquel que las acepta».

Lo que Dios quiere, y para lo que ha creado la oración, es establecer una vinculación. Una relación de amistad, en la que los implicados se presentan, están el uno para el otro, se intercambian intimidades y confían entre sí. Estar en oración significa estar en relación. En una relación sólida con Dios. Ser cristiano es como hacerse un perfil en Facebook y poder notificar el estado de las relaciones. Muchos escriben aquí y allá: «Es complicado». En efecto, es realmente complicado e incluso imposible cuando uno quiere ser cristiano, pero solo se dedica a hacer un par de ritos. ¿Cómo puede mantenerse viva una relación si no se tiene tiempo para la relación, es decir, para la oración?

Pregunta 494: ¿Cómo puede ser mi vida cotidiana una escuela de oración?

Pregunta 510: ¿Es posible orar siempre?

Pregunta 499: ¿Cuándo hay que orar?

> **99** Es necesario acordarse de
> Dios con más frecuencia
> de la que se respira.

San Gregorio Nacianceno (*ca.* 329-390)

1 Tes 5,17-18

En el YOUCAT leemos como respuesta a la pregunta 499: «Quien no ora con regularidad pronto ya no orará nunca». En la Sagrada Escritura exhorta Pablo: «Oren incesantemente» (1 Tes 5,17). Lo que no significa que tengamos que estar clamando a Dios desde la mañana hasta la noche. Sí es verdad que podemos suplicar a Dios en una situación de necesidad, pero hay otro tipo de oración que es más fundamental: «Den gracias por todo; pues esta es la voluntad de Dios para ustedes en Cristo Jesús» (1 Tes 5,18).

Y **Pregunta 488:** ¿Por qué debemos dar gracias a Dios?

Más importante también que asediar a Dios con súplicas (en situaciones de peligro, en los deberes de clase y cuando se es reemplazado totalmente del trabajo) es adoptar una actitud fundamental permanente de agradecimiento. Y no desprenderse en ningún momento de la acción de gracias. También esto puede aprenderse de forma autodidacta, yendo con los ojos abiertos por el mundo y acostumbrándose a admirar sus asombros que de la gloriosa naturaleza nos dirigen a su autor. «Señor Dios nuestro», dice el Salmo 8, «¡qué grande es tu nombre en la tierra entera! ... Miro el cielo, obra de tus dedos, la luna y las estrellas que has fijado, ¿qué es el mortal para que te acuerdes de él, el ser humano para que de él te ocupes? Lo has hecho algo inferior a un dios, lo has revestido de honor y de gloria, lo has puesto al frente de tus obras, todo lo has sometido a su poder: el ganado menor y mayor, todo él, y también los animales del campo, los pájaros del cielo, los peces del mar y cuanto surca los senderos de los mares. Señor Dios nuestro, ¡qué grande es tu nombre en la tierra entera!».

Pregunta 473: ¿Qué importancia tienen los salmos para nuestra oración?

Salmo 8

 **3.8:** ¿Cómo puedo orar con un texto de la Biblia?

¿Qué es la adoración?

LAS PERSONAS

no deben arrodillarse

ante nada ni ante nadie

como ante el Dios vivo.

Sin embargo, una vez encontrado,

uno debe arrodillarse ante él

no solo con el pensamiento,

sino también con el cuerpo.

> **El ser humano no puede existir sin adorar algo.**

Fíódor Dostoyevski (1821-1881)

Pregunta 293: ¿Para qué nos ha dado Dios las pasiones?

Pregunta 299: ¿Qué se entiende por «virtud»?

¿Qué tienen en común la Madre Teresa y Miley Cyrus? La mayoría dirá que apenas nada. Miley tiene sin duda una imagen mucho mejor. Pero la Madre Teresa ha hecho más por los pobres. Sin embargo, ¿qué tienen en común? La pasión, y, con esta, la adoración. Dondequiera que iba, la Madre Teresa hacía publicidad de la adoración: «Si quieres crecer realmente en el amor, regresa a la adoración». En el caso de Miley encontramos también canciones sobre este tema, por ejemplo, en la canción «I adore you» [Te adoro]. La adoración es, de hecho, una palabra apasionada. Tiene algo de sumisión absoluta, loca. Bueno, Miley tiene que servir a su imagen salvaje; necesita la provocación. Por ejemplo, una vez encendió un porro en el escenario y comenzó a cantar: «Cuando dices que me amas / Sabes que yo te amo más / Cuando dices que me necesitas / Sabes que yo te necesito más / Chico, yo te adoro, te adoro». ¿Lo dice en serio? Quien se somete a otro ser humano demuestra aparentemente un amor enorme. Al mismo tiempo, se empequeñece: ¡Puedes hacer conmigo lo que quieras! El que adora renuncia a su dignidad y su voluntad. Siendo pragmáticos, debe contar con que un día recibirá un puntapié del objeto de su adoración y será desechado. El mundo del espectáculo estadounidense nos proporciona basura de este tipo diariamente: tres meses de adoración, después la separación por WhatsApp, lágrimas, drama, el fin del mundo, un nuevo amor eterno, etc. En el caso de la Madre Teresa y sus hermanas podemos estar seguros de que no se trataba ni se trata de adorar a un pack de seis bellezas. Cuando la Madre Teresa decía: «Yo te adoro», se refería siempre a Dios.

Pero ¿puede uno someterse absolutamente? ¿Humillarse tan radicalmente? ¿Es humano empequeñecerse tanto para hacer grande a otro? ¿Puede uno renunciar a sí mismo ante alguien, aun cuando este «alguien» sea Dios? No debemos someternos ante nada ni ante nadie en el mundo; no hay nada digno de adoración en el mundo. Uno solo puede someterse al Dios verdadero. Someterse a lo que no sea Dios es lo que llamamos idolatría. Y con esta perspectiva cambia todo: Si conoces al Dios verdadero, no solo debes someterte, sino que te someterás, pues descubrirás la verdad, a saber, que Dios es todo y tú no eres nada. «¿Qué tienes que no hayas recibido?», pregunta Pablo en 1 Cor 4,7. El padre Hans Buob dijo

> No entiendo por orar recitar las oraciones aprendidas de memoria, sino la sencilla adoración con o sin palabras; permanecer a los pies de Dios con la voluntad y con la intención de adorarlo.

Beato Carlos de Foucauld (1858-1916)

Pregunta 485: ¿Por qué debemos adorar a Dios?

 1 Cor 4,7

Pregunta 355: ¿Qué significa «No tendrás otros dioses junto a mí»?

en cierta ocasión: «De nosotros solo tenemos nuestros pecados». Todo lo demás es de Dios. El acto fundamental de la fe cristiana es someterse al verdadero Dios. La adoración es así considerada como la oración previa a todas las oraciones. Pero esta oración presupone no caer en manos de un dios falso.

> " Donde Dios se engrandece, el ser humano no empequeñece; al contrario, el ser humano se engrandece y el mundo resplandece.

Papa Benedicto XVI 11 de septiembre de 2006

Pregunta 493: ¿Cuáles son las características de la oración cristiana?

¿Cómo supo la Madre Teresa que estaba propagando la adoración al Dios verdadero? Realmente hay religiones en el mundo a cuyo dios nada quisiera entregarle. Un dios que no es bueno con todos, sino que prefiere a determinados pueblos y no puede oler a otros, es solo una caricatura de Dios que no merece la pena contemplar ni un instante. La Madre Teresa se arrodillaba ante un Dios que en Jesús se hizo impensablemente humano: «el cual, siendo de condición divina, no quiso hacer de ello ostentación, sino que se despojó de su grandeza, asumió la condición de siervo y se hizo semejante a los humanos. Y asumida la condición humana, se rebajó a sí mismo hasta morir por obediencia, y morir en una cruz» (Flp 2,6-8). No un gobernante mundial dominante, sino un servidor del mundo humilde e infinitamente adorable.

Pregunta 496: ¿Para qué necesitamos al Espíritu Santo cuando oramos?

B Flp 2,6-8

B Jn 6,35

Y luego descubrió ese trozo de pan en la custodia: el Cuerpo de Cristo, presente, comestible, visible, presencia de Dios al alcance de los ojos. «Yo soy el pan de vida; el que viene a mí nunca más tendrá hambre, y el que cree en mí nunca más tendrá sed» (Jn 6,35). La Madre Teresa se llenó de júbilo: «Él está realmente presente como persona y solo espera que te acerques a él». En lo sucesivo, pasaba su «tiempo

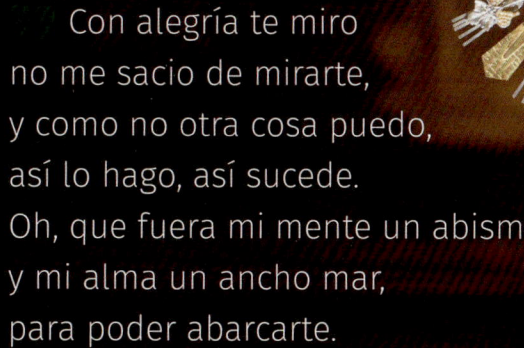

Con alegría te miro
no me sacio de mirarte,
y como no otra cosa puedo,
así lo hago, así sucede.
Oh, que fuera mi mente un abismo
y mi alma un ancho mar,
para poder abarcarte.

Paul Gerhardt (1607-1676)

libre» preferiblemente ante Dios. Y sentía que la presencia divina irradiaba, que realmente se recibe mediante la adoración. «Cuando comenzamos la adoración diaria, nuestro amor por Cristo se hizo mucho más íntimo, nuestro amor por los demás más comprensivo, nuestro amor por los pobres más compasivo, y el número de vocaciones se duplicó. Dios nos ha bendecido con muchas vocaciones maravillosas. El tiempo que pasamos en nuestra visita diaria con Dios es la parte más valiosa de todo el día».

Pregunta 218: ¿Cómo debemos venerar correctamente al Señor presente el pan y en el vino?

3.14: ¿Cómo debo comportarme durante la adoración?

¿Cómo nos enseña Jesús a orar?

PARA APRENDER A ORAR

tenemos que ir a la escuela de Jesús.

Rezar el Padrenuestro

significa caminar

con las palabras de Jesús,

como caminar con sus sandalias

por un camino infalible

en el corazón de las cosas.

Pregunta 473: ¿Qué importancia tienen los salmos para nuestra oración?

Abba! ¡Papá!

Pregunta 475: ¿Cómo oraba Jesús?

Pregunta 476: ¿Cómo oró Jesús ante su muerte?

Lc 22,42

Que hay que aprender a orar ya lo sabían los discípulos de Jesús. En el judaísmo siempre se oró, incluso de forma intensa y bella. Una prueba son los salmos, unos textos de gran fuerza, que aún hoy son recitados diariamente por millones de personas en todo el mundo. Pero la formación dada a los discípulos en su infancia, en la sinagoga, en la casa o en la escuela de un rabino, no les resultó suficiente. Jesús era para ellos el especialista en las cosas de Dios y el número uno en la oración. No solo veían cómo frecuentemente se retiraba en soledad para orar, sino que sentían cómo estaba en «relación» permanente y que su vida interior estaba siempre en una especie de conexión. A veces, así informan los evangelistas, los discípulos retiraban a Jesús de la oración. Quizá en tales ocasiones escucharon fragmentos del diálogo de su Maestro, como, por ejemplo, la frase que recoge Lucas de la oración en el monte de los Olivos: «Padre, si quieres, ¡aparta de mí este cáliz! Pero que no se haga mi voluntad, sino la tuya» (Lc 22,42).

> **"** Dios no deja nunca de ser el Padre de sus hijos. **San Antonio de Padua** (1193-1231)

En un momento así, los discípulos tuvieron que percibir la intensidad de la conexión de Jesús con la divinidad. Su Señor y Maestro estaba luchando prácticamente con su Dios: «Jesús, lleno de angustia, oraba intensamente. Y le caía el sudor al suelo en forma de grandes gotas de sangre» (Lc 22,43). Un día

Pregunta 477: ¿Qué significa aprender a orar de Jesús?

Lc 22,43

lo rodearon al «terminar la oración» y le dijeron: «Señor, enséñanos a orar, como Juan también enseñó a sus discípulos» (Lc 11,1).

B   **Lc 11,1**

¿Qué trucos y consejos les daría Jesús? ¿Cómo funcionaba? ¿Cuántas veces al día? ¿Había que irse tal vez al desierto y postrarse en tierra? ¿Levantar las manos al cielo?... Jesús les debía una respuesta. En todo caso, sobre lo anterior nada nos dice la Biblia. En su lugar, les dio a los discípulos (y a nosotros con ellos) una oración modelo. Todos la conocemos: el Padrenuestro. Podemos estar seguros de que con esta oración caminamos con las palabras de Jesús, seguimos con sus sandalias un camino infalible hacia el corazón de todo.

Pregunta 474: ¿Cómo aprendió Jesús a orar?

Abba! ¡Papá!

¿Adónde nos conduce en concreto el Padrenuestro? La primera palabra lo dice ya: a nuestro Padre. A nosotros nos sorprende, pero para unos oídos judíos era diferente. Dios era considerado el santo, el inaccesible, el inefable. Jesús deja claro que este Dios sublime es generalmente accesible, y lo es con una de las primeras palabras que aprendemos los seres humanos, con la palabra «Padre». Los discípulos tomaron buena nota de lo que implicaba que Jesús llamara «Padre» a Dios. Su Señor tenía, en efecto, una singular relación Padre-Hijo con Dios.

Pregunta 514: ¿Qué puesto ocupa el Padrenuestro entre las demás oraciones?

Pregunta 515: ¿De dónde nos viene la confianza para llamar Padre a Dios?

Lc 15,11-32

Jesús alentó a *todos* a decir Padre a Dios. Democratizó su tratamiento con Dios. Era inaudito. Acercó al orante a Dios como nunca. Imaginarse al «que está arriba» como el padre misericordioso de la parábola del hijo perdido (Lc 15,11-32) era totalmente una revolución religiosa. El Padrenuestro revolucionó la relación de Dios con la humanidad. El Dios una vez tan distante es ahora un Dios al que puedes tratarlo de tú a tú. Dios es aquel al que se puede regresar después de una vida de catástrofes y fracasos, y te lo encuentras con los brazos abiertos. El novillo cebado es sacrificado. La fiesta comienza.

> 🙶 Enséñanos a ser generosos, a servirte como tú mereces, a dar sin medida, a combatir sin temor a las heridas, a trabajar sin descanso sin esperar otra recompensa que saber que hemos cumplido tu santa voluntad.

San Ignacio de Loyola (1491-1556)

 1 Sm 3,9

Dt 6,4

Después del saludo «Padre» hay un segundo foco que impregna la oración del Señor: «¡Hágase tu voluntad!». Jesús retoma la experiencia decisiva del pueblo de Israel, a saber, que Dios habla, que llama y que todo depende del hecho de que uno reconozca esta llamada y la siga con confianza ilimitada. Lo mismo ocurrió con Abrahán, Isaac, Jacob y los profetas: «Habla, Señor, que tu siervo escucha» (1 Sm 3,9). El pueblo de Israel sigue viviendo hoy bajo el dictado: «¡Escucha, Israel! El Señor nuestro Dios, el Señor es uno» (Dt 6,4) ¿Cuál es su voluntad? La oración del Padrenuestro es un ejercicio de toda la vida que consiste en el arte de dejar nuestras cosas y hacer las cosas de Dios con pasión. Charles de Foucauld, uno de

los más grandes maestros espirituales del siglo XX, estuvo tan profundamente identificado con la oración del Señor que pudo orar maravillosamente diciendo: «Padre mío, me abandono a ti.
Haz de mí lo que quieras. Lo que hagas de mí te lo agradezco, estoy dispuesto a todo,
lo acepto todo. Con tal que tu voluntad se haga en mí y en todas tus criaturas, no deseo nada más, Dios mío. Pongo mi vida en tus manos. Te la doy, Dios mío, con todo el amor de mi corazón, porque te amo, y porque para mí amarte es darme, entregarme en tus manos sin medida, con infinita confianza, porque tú eres mi Padre».

Pregunta 521: ¿Qué quiere decir «hágase tu voluntad en la tierra como en el cielo»?

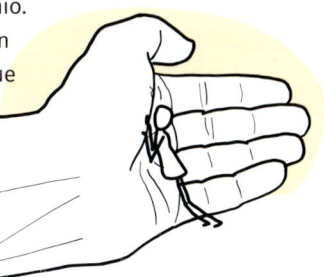

¿Cómo decimos sí a Dios?

HAY QUE ABANDONAR

un cristianismo de palabras vacías

y entrar en un cristianismo comprometido.

Tal vez te cueste la carrera,

los amigos, la reputación.

Pero ganas la vida.

De un encuentro fugaz con Dios

saldrá una gran historia.

Pregunta 165: ¿Por qué decimos «Amén» al confesar nuestra fe?

A muchas personas les molesta que en la iglesia se les pida repetidamente que digan «sí» a un contenido en el que nunca han pensado. «¿Crees en Dios?» ¿Quién puede estar seguro?... Quizás en los buenos momentos o cuando se pasa mal. «¿Renuncias a Satanás?» ¡Uf!... ¿Están dispuestos a educar en la fe a los hijos que Dios quiera daros? Se dice que sí y amén; ¿para qué aguar la fiesta si el sacerdote no pide más detalles...?

Jesús lo hizo de manera diferente. El capítulo 6 del evangelio de Juan es *duro*. Un artesano de Nazaret, que hasta entonces no había hecho nada relevante, afirma: «Yo soy el pan de vida; el que viene a mí nunca tendrá hambre, y el que cree en mí nunca tendrá sed» (Jn 6,35). No solo los fariseos se ponen furiosos, sino que también los amigos se quedan perplejos. «Este discurso es duro. ¿Quién puede oírlo?» (Jn 6,60). Algunos se marchan, desilusionados. Jesús dice a los que se quedan: «¿También ustedes

Jn 6,35

Jn 6,60

quieren irse?». Este es el momento en el que Pedro dice: «Señor, ¿a quién iremos? Tú tienes palabras de vida eterna» (Jn 6,68).

 **Jn 6,68**

Algunos habrán hablado desde el corazón, como Pedro. Habrán dicho «Amén». Solo en el Nuevo Testamento aparece esta palabra 152 veces. Es una fórmula de reafirmación. Jesús la usa cuando tiene algo importante que decir: «Amén, amén, les digo: Les aseguro que el que acepta mi mensaje, jamás morirá» (Jn 8,51). Cuando los oyentes dicen amén, significa tanto como: ¡Exacto! ¡Cien por ciento correcto! ¡Genial! ¡Estoy de acuerdo! Desde los tiempos de Jesús el «amén» se ha utilizado de forma inflacionaria. Prácticamente ninguna oración termina sin que todos digan «¡Amén!». ¿Cuántas veces se ha dicho esto con medio corazón y la cabeza vacía? Tenemos toda la razón para convertir esta fórmula vacía de nuevo en un acto de entrega: Sí, señor, te creo. ¡Amén! Sí, señor, tienes palabras de vida eterna. Amén.

Pregunta 527: ¿Por qué terminamos el Padrenuestro con un «amén»?

Aún se acepta que Jesús exija escucha y obediencia. Ahora bien, un cristiano católico no solo escucha a Jesús, sino también a la Iglesia, que le acerca a Jesús con la Palabra y en los sacramentos. Jesús mismo confirió su autoridad a la Iglesia, que, en el Espíritu Santo, debe enseñar, anunciar y exigir el amén: «El que los escucha, me escucha a mí, y el que los rechaza, me rechaza a mí; pero el que me rechaza, rechaza al que me envió» (Lc 10,16). Un cristiano católico que diga «Escucho con gusto a Jesús, pero no quiero saber nada de la enseñanzas de la Iglesia», en realidad no está tomando en serio a Jesús.

Pregunta 24: ¿Qué tiene que ver mi fe con la Iglesia?

Lc 10,16

Evidentemente, la Iglesia vive menos de una obediencia férrea que de un asentimiento mucho más íntimo a Dios, como el asentimiento de una joven. Antes se decía con admiración: «Ella le dijo Fiat». Pero nadie temía que alguien confundiera esta palabra con la de la marca de automóviles italiana. Todos conocían la historia de una joven, de unos 15 o 16 años, de Nazaret, que fue visitada por un ángel que le hizo una petición totalmente increíble. La joven sería la madre de un hijo divino sin la colaboración de un hombre. Nos referimos a María y al hecho de fe de que Dios solo pudo venir al mundo gracias a este amén, a este asentimiento, a este ok de María. Fiat es una palabra latina y significa: «¡Que así sea!». Con este amén se hace posible una actitud de entrega incondicional. Entrega que responde a la de Jesús, que se entregó diciendo «sí» a su camino hacia la cruz.

María es, por así decirlo, el modelo a seguir en la fe. Dio un espacio a Dios en sí misma, trajo a Dios al mundo. En su propia carne se hace carne Dios de Dios, Dios verdadero de Dios verdadero. Ella da testimonio y canta: «El Poderoso ha hecho obras grandes en mí». María es la primera testigo de Jesús. En adelante, cristiano es un testigo de Jesús. La palabra en griego

4.17: ¿Cómo llegar a ser santo?

Pregunta 84: ¿Fue María únicamente un instrumento de Dios?

> Los mártires de la Iglesia primitiva murieron por su fe en el Dios que se había revelado en Jesucristo, y precisamente así murieron también por la libertad de conciencia y por la libertad de profesar la propia fe, una profesión que ningún Estado puede imponer, sino que solo puede hacerse propia con la gracia de Dios, en libertad de conciencia.

Papa Benedicto XVI

99 Vive de tal manera que mañana puedas morir como mártir.

Beato Carlos de Foucauld (1858-1916)

para testimonio es *martyria*. El testigo es, por tanto, el «mártir». Una persona que está dispuesta a dar su vida hasta la muerte por Jesús y por la verdad del Evangelio.

Pregunta 82: ¿No es escandaloso llamar a María «Madre» de Dios?

En febrero de 2015 el Estado Islámico publicó un video de propaganda. Sus secuaces habían llevado a un grupo de cristianos a una playa de Libia para degollarlos frente a la cámara.

El objetivo del video era difundir «un mensaje escrito con sangre para la nación de la cruz». En el video se escuchan claramente dos palabras: «Jarap Jesoa» – ¡Señor Jesús!

Pregunta 454: ¿Hasta qué punto nos obliga la verdad de la fe?

Del *Curso actual sobre la fe* a una guía de estudio

Acabas de conocer

los **temas** esenciales **de la fe.** Se te ha invitado constantemente a consultar las **preguntas del Catecismo** en el YOUCAT, para entender aún mejor la fe de la Iglesia católica. Ahora tienes un grupo o un círculo de amigos y ustedes quieren hacer algo para obtener recíprocamente la nueva alegría de la fe. ¿Por qué no invitar a **conversar habitualmente sobre la fe**?

¿Cómo hacerlo?

¿Es complicado? En absoluto. Para esto se desarrolló la **guía de estudio del YOUCAT**, que puedes descargar gratuitamente. La guía de estudio está dividida en 26 capítulos, como el curso. Cada tema del curso tiene su paralelo correspondiente en la guía de estudio. Esta guía tiene siempre la misma estructura.

Cinco elementos
- Oración
- Biblia
- Preguntas del YOUCAT
- Preguntas para el debate
- Un desafío (= una tarea)

Cinco ventajas
- No es necesaria ninguna preparación
- No se necesitan otros medios
- Modelos verificados para trabajar en grupo
- Espacio para iniciativas propias
- El punto de partida ideal para conversar sobre la fe

El *Curso actual sobre la fe* da al coordinador del grupo el horizonte para el coloquio. Pero también funciona al revés: los participantes del grupo pueden leerlo para profundizar.

La meta para todos es:

Obtener convicciones que nos fortalezcan en nuestra identidad como cristianos católicos y nos den seguridad en la transmisión de la fe.

¿Qué sabemos de Dios?

1

ORA

¡Mi Señor y mi Dios!
Sé tan poco de ti. A veces pienso que estás lejos de mí. Ven a mí, a mi corazón y a mi mente, para ganar confianza y saber más de ti.
Amén.

MEDITA

Se lee el pasaje de la Biblia en voz alta.
Breve silencio.

Compartir: ¿Qué fue lo que más te llamó la atención?

Rom 1, 20

ya que sus atributos invisibles –su poder eterno y su divinidad– se hacen visibles a los ojos de la inteligencia, desde la creación del mundo, por medio de sus obras. Por lo tanto, aquellos no tienen ninguna excusa.

ESTUDIA

1. Lee el texto de YOUCAT frase por frase. Una persona entonces lee todo el texto seguido en voz alta.

2. Tres minutos de silencio.

3. Cada uno lee en voz alta una palabra o frase que le toca - sin hacer comentarios.

4. Explica brevemente en la siguiente ronda por qué has elegido la frase (por ejemplo, recuerdos, preguntas,...).

4 *¿Podemos reconocer la existencia de Dios con nuestra razón?*

Sí. La razón humana puede conocer a Dios con certeza. [31-36, 44-47]

El mundo no puede tener su origen y su meta en sí mismo. En todo lo que existe hay más de lo que se ve. El orden, la belleza y la evolución del mundo señalan más allá de sí mismas, en dirección a Dios. Todo hombre está abierto a la Verdad, al Bien y a la Belleza. Oye dentro de sí la voz de la conciencia, que le impulsa hacia el Bien y le alerta ante el Mal. Quien sigue esta pista razonable mente encuentra a Dios.

DEBATE

¡Habla sobre tus propias preguntas sobre este tema!

Libro del tesoro: Tómate cinco minutos para escribir lo que no quieres olvidar.

1. ¿Alguna vez has sentido que Dios existe?

2. ¿Cómo puedes saber si una persona está abierta a lo verdadero, a lo bueno y a lo bello?

3. ¿Cómo puedes reconocer a Dios con tu razón?

4. ¿Estás de acuerdo con la frase "Nada surge de la nada"?

CHALLENGE

Nuestros DESAFÍOS son sólo sugerencias. Se pueden sustituir por otros más fuertes, más ajustados, más originales o mejores. Sólo háganoslo saber en feedback@youcat.org.

#YOUCATChallenge: Comparte tu experiencia en Facebook o Instagram.

Pregúntale a una persona de tu alrededor cómo reconoció a Dios en su vida y comparte lo que ha escuchado en la próxima reunión con tu grupo de estudio.

¿Aceptas este desafío?

Guía de Estudio YOUCAT

©2019 YOUCAT Foundation. Todos los derechos reservados.

Índice de nombres

Índice de materias

Índice de preguntas del YOUCAT

Índice de pasajes bíblicos

Créditos de las imágenes

Benedicto XVI/Kathpedia, p. 20; Jeremy Bishop/unsplash.com, p. 66; Jesús Cervantes, p. 16; Antonio Díaz, pp. 100-101; Dziurek, p. 94; Caecilia Engels, p. 10; flickr.com, p. 95; Lachlan Hardy/flickr.com, p. 131; Heinrich Hoffmann Getsemane/pinterest, p. 158; Icono de la Virgen María Panagia Platytera, Iglesia Ortodoxa Griega (Alte Schule 3, 51645 Gummersbach, Deutschland, Ikonenmaler: Konstantinos Chondroudis), p. 54; Jozef Gwozdz SVD, p. 65; Jeronimo Lauricio/YOUCAT Brasil, p. 20; Halinskyi Max, p. 93; L'Osservatore Romano, p. 72; Luc Serafin, pp. 19, 50, 52, 55, 59, 89, 164; New Africa, p. 113; Nightfever Deutschland (www.nightfever.org), p. 152; Thomas Obermeier en la colección de arte de la diócesis de Wurzburgo, 2019, p. 86; pexels. com, pp. 19, 22, 62, 133, 163; Pixabay, pp. 13, 24, 40, 104, 115, 116, 122, 134, 139, 144, 150-151; Sven-Sebastian Sajak, Wikimedia Commons, Creative Commons-Lizenz by-sa.4.0, p. 118; Virginia State Parks/flickr.com, p. 98; Alexander von Lengerke, pp. 26, 84; Peter von Lengerke S., p. 118; Ben White, p. 106; Wikimedia Commons (sin licencia), pp. 12, 13, 15, 18, 21, 27, 30, 31, 34, 37, 38, 42, 45, 46, 48, 56, 57, 60, 63, 68,71, 75, 77, 80, 82-83, 87, 90, 103, 110, 117, 121, 128, 132, 143, 154, 160, 165, 168; Katharina Wollkopf, p. 108; Worship1/maxpixel.de, p. 148; YOUCAT Foundation, p. 32

Título original: *YOUCAT Glaubenskurs. Christsein verstehen*

Idea y texto: Bernhard Meuser

Asistente editorial: Claudia Weiß

2ª reimpresión (año 2024)

© 2019 YOUCAT Foundation gemeinnützige GmbH, Königstein/Ts.

El propietario único de la YOUCAT Foundation es la Asociación Pontificia Internacional ACN (AID to the Church in Need [«Ayuda a la Iglesia Necesitada»]), con sede en Königstein im Taunus (Alemania).

Todos los derechos reservados. Tanto el logotipo como el nombre YOUCAT ® son una marca protegida internacionalmente bajo el registro 011929131. El uso de la marca se hace con la aprobación de YOUCAT Foundation.

Diseño de cubierta, maquetación e ilustraciones: Alexander von Lengerke, Colonia (Alemania)

Impresión y encuadernación: GraphyCems, Villatuerta (Navarra)

Impreso en España

Depósito legal: NA 56-2024

ISBN: 978-84-9073-611-1

La Fundación YOUCAT sin fines de lucro GmbH promueve a través de ganancias distribuidas el trabajo editorial y las donaciones recibieron proyectos mundiales de la nueva evangelización, en el que se alienta a los jóvenes a considerar la fe católica como base para que su vida las descubra. Puedes hacer el trabajo de la Fundación YOUCAT donando apoyo: Deutsche Bank AG, BLZ 720 700 24, Kto. No.: 031 888 100, IBAN: DE13 7207 0024 0031 8881 00, BIC: DEUTDEDB720

Tuiteando con DIOS o **Tweeting with GOD (#TwGOD)** es una iniciativa multimedia global que puede usarse perfectamente con el YOUCAT. #TwGOD está disponible en libro y en una App para Android y IOS, un manual, en definitiva, para los responsables de grupos juveniles y para tener una presencia en las redes sociales. En español, el libro Tuiteando con Dios ha sido publicado por la editorial San Pablo. Más información en **Tuiteando con Dios** en https://www.tweetingwithgod.com/es/tweets

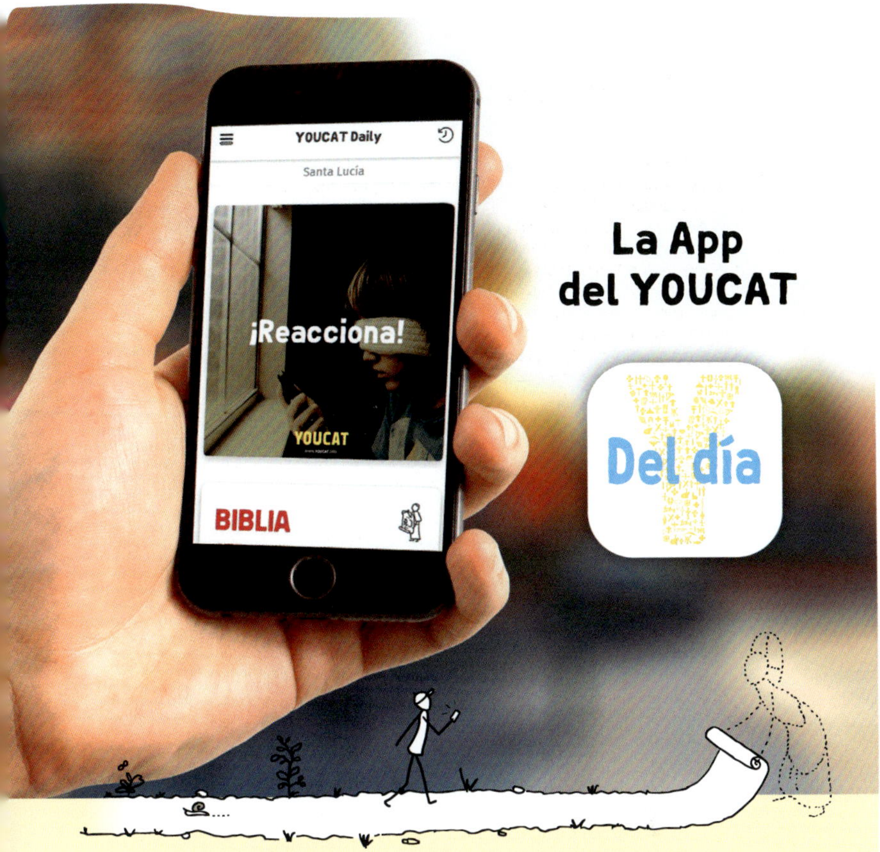

La App del YOUCAT

El YOUCAT del día es una ayuda ideal para todos los que quieren crecer en la fe. **Cada día...**

➡ el Evangelio del día en tu teléfono
➡ una pregunta del YOUCAT o del DOCAT
➡ una idea inspiradora de la comunidad internacional o de los santos o de cristianos célebres.

Cinco minutos al día. Y puedes llegar a conocer el contenido total de la fe de la Iglesia católica en tres años.

En internet: **https://www.youcat.org/es/daily**

o